なぜ人は「売れ筋商品」を買ってしまうのか

ランキングの魔法を解く
心理と経済のカラクリ

おもしろ心理学会［編］

青春出版社

はじめに

1年前に新しいスマホを買ったばかりなのに、ニューモデルが発売されると欲しくてたまらなくなる。当たらないとは思っても、宝くじやｔｏｔｏを買ってしまう。後で考えると自分でも不思議なのだが、衝動的に高価なモノを買ってしまった――。

人があるモノを買おうと思い、あるモノは買わないと判断するときに、なにがその分かれ道になるのだろうか。

「どれだけ欲しいと思ったか」という素朴な話ではない。たとえば、ご存じのように、売り手は消費者の動向を綿密にマーケティングし、購買意欲を刺激する売り方をさまざま工夫している。自分の意志で「欲しい！」と思っているものも、じつは気づかぬうちに「売り手」の誘導によるものなのかもしれない。

本書では、「なぜ人は売れ筋商品を買ってしまうのか」をはじめ、人の心理とお金の意外な関係、お客に言えない心理作戦など、外から見えない意外なカラクリをまとめた。知っておくだけで得する、ビジネスヒント満載の一冊である。

２０１５年１月

おもしろ心理学会

Step 3 お客に言えないそんな「戦略」があったのか！……059

Step 5 人間心理から「経済」の裏のウラ側を読む！……119

カバーイラスト提供■shutterstock
Carsten Reisinger/shutterstock.com
本文イラスト提供■shutterstock
Helder Monteiro/shutterstock.com
kmlmtz66/shutterstock.com
DTP■フジマックオフィス
制作■新井イッセー事務所

Step
1

その「行動」には、裏のワケがある！

なぜ人は1年後の2万円より、今の1万円を選ぶのか？

2万円と1万円ではどちらがより価値が高いか？

この問いには100人いたらおそらく100人とも「2万円」と答えるはずである。ならば、1年後にもらえる2万円と今すぐもらえる1万円ではという質問には「1万円」と答える人が増えるのではないだろうか。

回答した人は何も日頃からお金に困っている人ばかりではないだろう。では、なぜ「1年後の2万円」ではなく、「今の1万円」を選んでしまうのか。

その理由は、今すぐにもらえる1万円はその場でもらって使うことができるが、1年後にもらえる2万円は使えるまでに1年間待たなければならないうえに、果たして本当にもらえるかどうかがわからないからである。

これを専門家が考察すると、人間が消費行動を起こす時には「現在志向バイアス」と呼ばれる心理が働くということになる。

噛み砕いていえば「現時点に近い事案を大事にする」という傾向のことであり、見えない先の利益よりも、今手に入れられるものを優先したいという強い欲求が起こるというのである。

人間なら誰にでも起こり得る心理だと思えば、自分がとりわけ意志が弱いわけではないことがわかる。そう考えればかえって我慢できるかもしれない。

毎日きまって「いつもの店」に足が向かう人の深層心理とは?

午前中の仕事を終えたサラリーマンがとる行動といえば、いつもの店へ行き、いつもの定食を食べ、同僚と話したり新聞を読みながら最後はいつものコーヒーである。ほかにいくらでも店があるのに、行く店はたいてい決まっていたりする。

それは、その店までの距離や味、値段を考えると、そこがベストだという結論に達しているからなのだろう。

でも、そんな合理的な理由だけで人は〝いつもの店〟に通うわけではないようだ。

ランチに限った話ではない。同じ駅の売店で毎日同じ新聞を買うとか、同じブランドのカバンを好む、同じメーカーのシャンプーを使い続けるといったことにも、じつはある心理が働いているのだ。

それは「現状維持バイアス」だ。現状維持バイアスとは、現状からの変化を回避するという人間心理の傾向である。

つまり、人は現状に大きな不満がない限り、変化したくないと思うのだ。

変化することで今よりぐっとよくなるかもしれない、しかし逆に悪くなるかもしれないと考えた時、人は悪くなることを恐れる傾向がある。それが現状維持バイアスを生み出しているのだ。

たとえば、１０００円をもらった嬉しさと、１０００円を失くした悔しさを天秤にかけた場合、どちらが重くなるだろう。

米国での研究によると、２〜２・５倍も失くした悔しさのほうが重いと評する結果が出ている。

これは、行動経済学でいうところの「損失回避性」というもので、損失による不満が利得による満足よりも大きく感じるからだ。

たまには違う店に入ってみようかと思う半面、１０００円も出してガッカリするランチは食べたくない。結局、いつもの店でいいかという気持ちになるのは、まさに損失回避性による典型的な現状維持バイアスであるといえる。

かくしてサラリーマン諸氏の足は自然といつもの店へ向かってしまうわけだ。

「高級」といわれるだけで信じてしまう〝認知エラー〟の謎とは？

中国産のウナギを〝国産〟と偽ったり、ふつうの牛肉を〝ブランド牛〟に見せかけたりと、食品の産地偽装は今もあとを絶たない。

もちろん、消費者を騙してまで売ろうとするその姿勢は許されるものではない。しかし、表示されている内容をまったく疑うことなく買ってしまった消費者は「やっぱり国産モノはおいしいよね」などと、偽装にまったく気づかなかったりするのである。

なぜ、こんなにも簡単に人は騙されてしまうのだろうか。

その原因は「プラシーボ効果」にある。プラシーボとは、偽薬という意味の言葉だ。何の有効成分も入っていない偽薬でも、それに素晴らしい効果があると聞かされた患者に処方すれば、症状が改善してしまうことがある。これをプラシーボ効果といい、神経経済学などの分野で研究されている。

ところで、冒頭の偽装ウナギのケースでは価格が高く設定されている。つまり、この値段なら国産に違いないという勝手な思い込みが、「おいしい」という脳の認知エラーを引き起こしたわけである。実際、味にはさほど差がなかったというので、なおさら間違えやすかったのだろう。

ちなみにアメリカでは、知能を向上させるとうたった栄養ドリンクを使ったプラシーボ効果の実験も行われている。

同じ成分のドリンクであるにもかかわらず、値段が安いと伝えられたグループは高い値段を選んだグループよりテストの結果が低かったという。

このように、人間の頭脳は情報によって左右されてしまうことが往往にしてある。「おいしい」「効果があった」と感じるのなら、それはそれで問題ないともいえるが、くれぐれも悪質な偽装には騙されないようにしたいものである。

"もったいない"が新たなムダを生んでしまうのはどうして?

モノを大切に使うことや、ムダにしないで使い切ることの根底に流れている「もったいない」という精神は、日本文化の素晴らしいところだ。しかし、もったいないからという理由で捨てられないものがだんだん増えていき、収納に場所をとられたり、必要なものが見つからなくて同じものを買ってしまったりという経験を味わったことはないだろうか。

こうした行動の裏側に隠れているのが「サンクコスト効果」である。

サンクコストとは、すでに支払ってしまって戻ってこない費用のことを指し、日本語では埋没費用と訳される。もったいないと思うことで、非合理的な決定をしてしまうことをサンクコスト効果というのだ。

たとえば、数千万円の開発費を投じてつくった新商品がまったく売れなかった場合でも、すぐにその商品の製造と販売をやめることができたなら、損失はそこから先は拡大しないだろう。

しかし、今までかけてきた費用がもったいないからといって「少しでも元を取りたい」「もしかしたら好転するかも」という欲が出てしまうと、結果的にいつまでも在庫を抱えることになり、高い倉庫代を払い続けて結果的に赤字を増やしてしまうのだ。この〝効果〟は費用に限ったことではなく、労力や時間についても同じである。

経済学や経営学では、現在の問題を処理する際には、将来の費用とそれに見合う利益や利便さがあるかどうかだけを考慮して、サンクコストのことは考えないことが合理的であるという考え方が有力になっている。

「もったいない」だけでものごとを考えると、別のところでもっともったいないものを生み出してしまう可能性があることを覚えておこう。

選択肢が増えると買う気が失せる人間心理の不思議とは？

「冷蔵庫を買い替えよう」と思い立って家電量販店にやってきた。友達の家にあるA社の冷蔵庫は最新の大型なので、同じものを買おうと決めている。買い物はすぐにすむはずだった。

ところが、店でいろいろな冷蔵庫を見てまわるうち、B社の冷蔵庫がA社とほぼ同じ値段なのにさらに省エネだった。「だったら、B社のほうにしようか…」。

さらに、A社かB社の二者択一で迷っていたら、少し容量は少なめだが安いC社の製品を見つけてしまった。A社とB社よりも数万円も安く、これでも十分間に合うような気がする…。

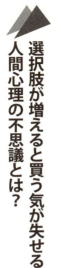

こうなると、もう結論を出すことができず、結局は何も買わずに帰ってしまうというのが多くの人の行動パターンである。

2つのものから1つを選ぶよりは、多くの選択肢から選ぶほうがよりいいものを手に入れることができる。誰もがそう思うはずだし、たしかに選択肢が増えるのはいいことには

●選択肢の数によって購買意欲が変わるワケ

Ⓐ

・11万円
・50%省エネ

Ⓑ

・11万5000円
・55%省エネ

値段で選ぶか、省エネ効率で選ぶか？
（二者択一）

Ⓐ

・11万円
・50%省エネ

Ⓑ

・11万5000円
・55%省エネ

Ⓒ

・9万5000円
・50%省エネ

値段、省エネ効率、サイズ……
（選択肢が増えるほど迷う条件が多くなる）

違いないだろう。

しかし、選択肢が増えるというのは、それだけ比較する要素が増えてしまい、迷わせる条件が多くなるということだ。

A社とB社の二者択一なら、値段はほぼ同じだから省エネ性だけで選べばいい。しかし、そこに値段が安いというC社が登場してくるとなると、単純に同じ要素を比べればいいという話ではなくなってしまう。

そしてさらに、人間の心理として重要なのは、選択肢が3つになったということは、「もしかしたら、調べればもっと多くの選択肢があり、その中には自分にとってもっといいものがあるかもしれない」という期待が生まれることだ。

それを承知でどんどん選択肢を増やすのか、あるいは最初のAかBかで決めてしまうのか、迷うところだ。

なぜ人は〝おなじみ〟のモノに財布のヒモがゆるくなるのか？

高校野球で自分の母校が出場をしているわけでもないのに、つい出身地の学校の応援に力が入ってしまうというのはよくある話だ。理由は単純で〝なじみ〟があるからである。ところが、それが「投資」という局面においても顔をのぞかせてしまうのは少々問題がある。世界の証券市場の大部分を占めるアメリカ、イギリス、そして日本の株式市場で、投資家の8割〜9割以上は自国の株に投資している、というデータがある。つまり、多くの投資家が自国の、そして地元になじみのある企業に投資しているのだ。

株価が不安定になることはよくあることだし、だからこそ投資の多様化は必要なのだが、ただいくらなじみがあるからといって多少のマイナス要因には目をつぶり、ある特定の銘柄に投資するのはやはり危険といえる。

リスクやリターンをじっくりと比較し、どの銘柄に投資するのかを検討するうえで〝なじみ〟というフィルターはその企業の持つさまざまなリスクを見えにくくしてしまうデメリットがあるのだ。

これは、投資の世界では「オーバーコンフィデンス」（自信過剰）と呼ばれている。読んで字のごとく、自らの投資を過信してしまう投資家の心理状態のことだ。

実際、「自分の読みは間違いない！」と、自分の運用実績や眼力を過信してしまい、大きな痛手を負ってしまう投資家は少なくない。

その会社のことをちょっと知っているからといって必ずしも信頼できる会社であるとは限らない。海外の企業に積極的に投資をするかどうかはともかく、経済動向やマーケットを冷静かつ客観的に分析する眼を鍛えていくことが大切なのである。

泡の多いビールでもサービスなら許してしまう人間心理とは？

外食をする前にネットでお得なクーポンを探すのは誰でもやっていることだ。「生ビール1杯サービス」から「人気の一品、無料にします」まで、特典はさまざまだ。

そのクーポンを手に客は店に入り、オーダーをする前に店員にクーポンを見せる。すると、無料になったビールがさっそく運ばれてくるのである。

その時、たとえビールの泡が少しくらい多くてもクレームをつける人はそうはいないだろう。ふだんはチビチビと飲む人でもなぜか一息で飲み干してしまったりする。

理由は単純明快だ。「おまけ」のビールだからである。

こういう人に限って、自分でお金を払って注文するビールはじっくりと味わって飲んだりする。なかには泡が多いなどと言って店員に文句をつける人もいるだろう。

ここで、このおまけ感覚についてよく考えてほしい。クーポンだろうが現金払いだろうが、同じ1杯のビールには変わりはない。つまりは、おまけだからといって適当に扱う理由はどこにもないのである。

これが居酒屋の話ならまだいいが、ふだんからこういったおまけをナメてかかっていると、やがては金銭感覚までも麻痺してしまうことになる。

その最たる例が宝くじだ。以前、宝くじで3億2000万円を当てた男性があっという間に3億円近い金を使い果たしてしまったという経験を自らのブログに書き、それがドラマ化されたことがあった。周りから見ると本当にもったいない話だが、これこそおまけ感覚が生んだ悲劇といってもいいだろう。

たとえ無料サービスの生ビール1杯であっても、せっかく手に入れたおまけだからこそ大切にしなければならないのである。

なぜお店は「値引き」するより「おまけ」をつけたがる？

家電量販店やドラッグストア、スーパーマーケットなどで発行されるポイントカードだが、このシステムを導入する店は増える一方だ。ただ、ちょっとでも得したいと思って行く先々の店でカードをつくってしまうと、気がつけば財布の中はカードでパンパンに膨れ上がってしまう。

ところで、このポイントカードは購入金額の一定の割合をポイントにして客にキャッシュバックするという仕組みになっているが、それにしてもどうしてここまで人気になったのだろうか。それは、より大きな割引感を客に与える効果があるからだ。

たとえば、100円の購入で1ポイント付与されるとしよう。1万円の買い物をすれば100ポイント、つまりは100円分をキャッシュバックされることになる。

冷静に考えてみると、これは9900円で商品を買ったのと同じだと考えることができる。次に買い物をする時には、100円の割り引きをしてもらえるからである。

つまり、ポイント化してキャッシュバックするのも、商品を値引きして販売するのも、その率から考えると店側としては同じことなのだ。

しかも、ポイントカードをつくった客は同じ店に通ってポイントを貯めようとするため、常連化させるというもうひとつの効果も期待できる。

一方、消費者にとっては、支払いの時に財布から出す金額を抑えることよりも、ポイントが貯まっていくほうが「お金が戻ってくる」「お金がもらえる」という一種の期待感とともに〝貯める〟楽しみを持つことができる。

かくしてポイントカードを導入することで、店だけでなく客の満足度も格段にアップしていくのである。

●ポイント付与と値引きでは消費者の心理が変わる

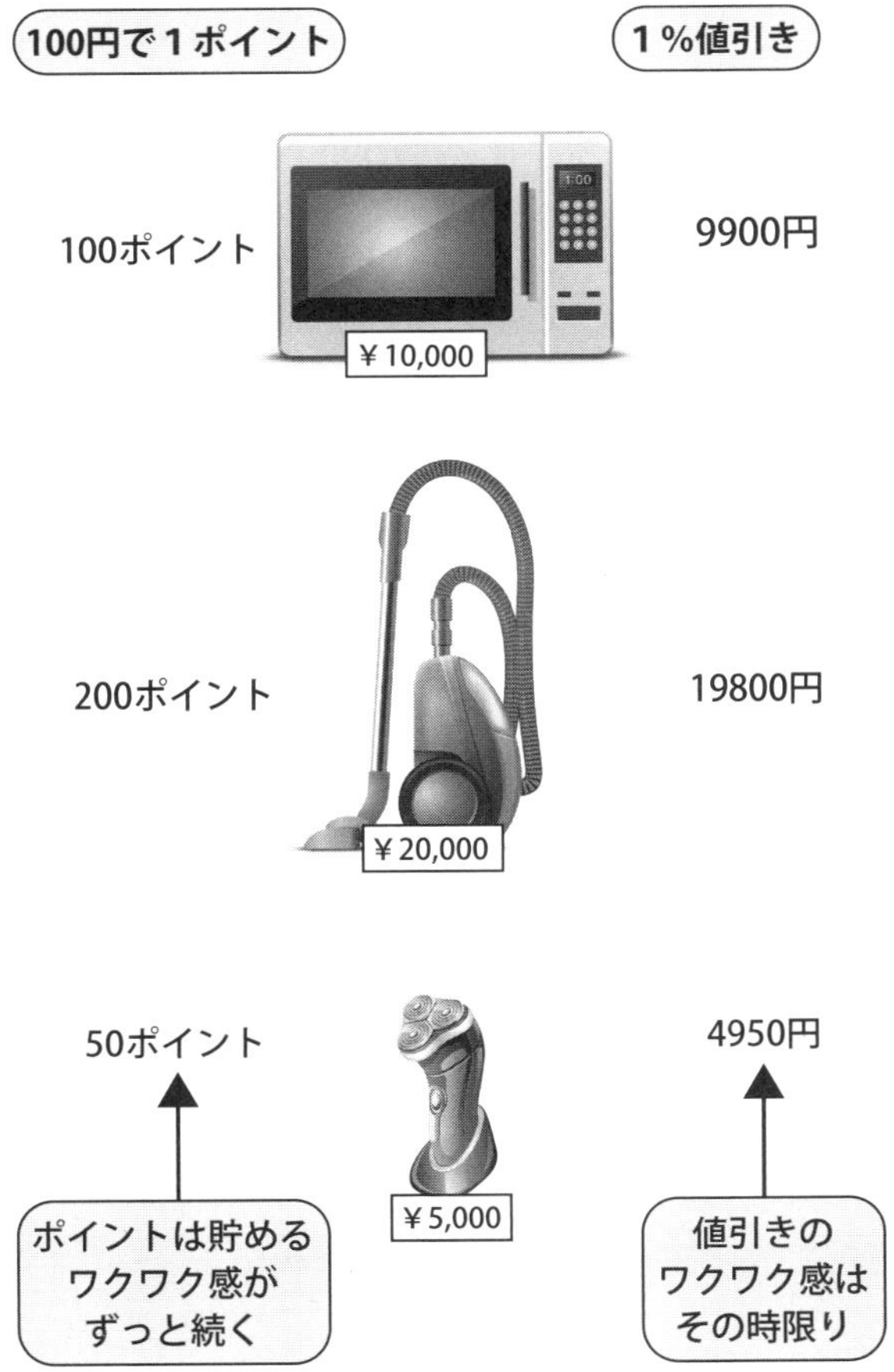

「常連を大事にするお店の方が長続きする」の法則とは？

店に入ると、さりげなくサービスの一品が出てくる。「○○様のお好みにあうのではないかと思いまして…」などと、店員から親しそうに名前で呼ばれる。こんな特別扱いを受けるのが常連というものだ。

自分が一見の客だと、つい「常連にばっかりいい顔をして」などとボヤきたくなってしまうものだが、店が常連を大事にするのは当然のことなのだ。なにせ、売り上げの約80パーセントは常連客によって支えられているといわれているからである。

人間には、自分の過去の経験を通して、ものごとの善し悪しを判断する「自己ハーディング」という性質がある。何度も店に通って常連になると、もうその店で買うことを迷ったりせず、ここでお金を使うのは正しいことだと判断してしまうのだ。

そうして、しだいに満足度が高まった客の心中には「返報性のルール」が生まれる。これだけ満足させてくれるのだから、ひいきの店にしようといったギブ・アンド・テイクの精神である。これで、さらに足しげく通うことになる。

ちなみに来店する客のうち、常連客は2割ほどだという。しかし、不確実な80パーセントに期待するより、確実な売り上げを見込める常連のほうが貴重な存在なのである。

上着を買うつもりでスラックスまで買ってしまうのはなぜ?

気に入った上着を見つけたが、しかし自分には色が明るすぎる。さて、あなたならどうするだろうか。店員は、「でしたら、こちらならシックな色でちょうどいいかと思いますが」と別の上着を出してきた。これなら明るすぎず、落ち着いた色だ。

また、別の店員は、「その上着でしたら、このスラックスを合わせると、色がピッタリで気になりませんよ」と、スラックスを出してきた。

たしかに上着とうまくマッチしているが、この客の財布のヒモを緩めるのはどっちの店員だろうか。答えは、後者である。

前者の店員は、ひとつのミスを犯している。「その客は、その上着を気に入っている」ということを忘れているのだ。自分には明るすぎると思いつつも、惹かれているからこそ悩んでいる。だから、落ち着いた色の上着を示しても、「それなら、いつもと同じことだ」

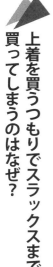

と考えることになるから購買意欲は失せてしまう。

その点、後者の店員は「客がそれを欲しがっている」ということを十分に認識したうえで、その上着を活かすためのコーディネイトを工夫している。客の意欲は減退しないどころか、スラックスしだいで自分にも十分に着こなせるかもしれないと思うようになるのである。結果として、客は上着だけでなくスラックスも一緒に買うことになるだろう。

客の願望を認識したうえで、それを満たす手伝いをする。それこそが、売る側の巧妙なテクニックである。「大丈夫かな」「似合うかな」と不安に思っていても、スラックスと合わせることで自分の希望を現実のものにした客は大いに満足するはずだ。

どうして銀座では「コーヒー1杯1000円」でも納得できるのか？

100円でおいしいコーヒーが飲めるコンビニエンスストアが脚光を浴びているなか、東京の銀座には、今もコーヒー1杯が1000円以上という喫茶店が珍しくない。

客の多くも「銀座なのだからしかたがない。なんといっても地価が日本一の場所にある喫茶店なのだから」と納得している。果たして、この理屈は正しいのだろうか。地価とコーヒー1杯の値段は、それほど密接な関係があるのだろうか。

たしかに、地価が高い↓テナントの賃貸料が高い↓コーヒーの値段が高い、という構図は成り立つ。これはこれで間違いではないが、ここにはもうひとつ重要なファクターが抜け落ちている。この理屈が成立するためには、さらに「その値段でも納得して払ってくれる客がいる」という条件がなければならないからだ。

銀座という場所に高い付加価値があることを認め、「銀座のコーヒーは高い」ということを受け入れてくれる消費者側がいてこそ、1杯1000円のコーヒーが成り立つのだ。

つまり、「銀座なのだから高級なのは当たり前」ということが大前提になっているというわけだ。逆の見方をすれば、「地価が高いから、銀座のコーヒーは高い」のではなく、「銀座のコーヒーに1000円を払う客がいるから、地価が高い」ともいえるのだ。

通販サイトで人はなぜ「ついで買い」してしまうの？

ずっと欲しかったデジタル一眼レフカメラが、通販サイトで家電量販店よりも安く売られていたとしよう。安くなっているとはいえ、そもそも高価な買い物だ。でも、これ以上の安値は今後きっと期待できないだろう。どうしよう…と悩みに悩んだ末に思い切って通販サイトで買うことにした。

緊張する指先でマウスを操作し、カートに入れていざ支払いページへ。するとそこに表れるのが、「これを購入した人はこのような商品も購入しています」という表示である。見てみると、カメラバッグやレンズなどの付属品が並んでいて、「たしかに必要かも…」などと、今度はあまり値段を気にせずカートに追加してしまう…。

カメラ本体の値段にかなり躊躇しながらも、このようにいとも簡単に「ついで買い」をしてしまうのは「テンション・リダクション効果」のせいである。

テンションは「緊張」、リダクションは「消滅」の意味で、人は高価な買い物をする時は緊張するが、買ってしまえば緊張感が緩む。そこに「これを購入した人は…」とイチ押しされると、つい気が大きくなってついで買いに走ってしまうのである。

ある日突然「行列のできる店」になるカラクリとは？

人にはそれぞれ好みがある。ラーメンひとつをとっても、あっさりとした塩味が好きだという人もいれば、こってりとした豚骨がいい、いや魚介系濃厚スープだろうなどと千差万別で、万人ウケする味などつくれるはずはない。

にもかかわらず、店の入り口から店を取り囲むようにして大行列ができる店がある。

その店のラーメンを食べた客の何人かが「おいしい」と言い始め、それが口コミやネットで広まってどんどん客が集まってくる。

そして今度は、その店の混雑ぶりを見た人が並び始め、その行列を見た人がまた列をなす。こうして〝行列のできる店〟ができあがるのである。

このように、誰かが「いいね!」というと人が集まってくることを「バンドワゴン効果」というのだが、こうした他者の下した判断に影響された人たちによって思わぬ流行が生まれることもあるのだ。

口コミの威力は侮れないのである。

《COLUMN》

なぜ「試食テスト」の評価と実際の売れ行きは大きく違うのか？

食品メーカーや飲料メーカーでは、新商品の開発のために消費者に対して試食や試飲のテストを頻繁に行っている。企業が参加者を募っている無料サンプリングやモニターテストの情報ばかりを集めて紹介しているウェブサイトもあるほどだ。

しかし企業側では、わざわざ費用をかけて行う調査にもかかわらず、一般向けのテストによって収集したデータはじつは参考程度にしか扱っていないという。

その理由は、そういったモニターなどに参加した人はあたかも自分の舌やセンスを試されているような気分になってしまい、答えにも自然と力が入る。その結果として、ふだん自分が好むものより強い香りや濃い味、派手なデザインのものを選んでしまう傾向があるためだ。

生理心理学の世界ではこうした状態を「ヤーキーズ・ドットソンの法則」と呼んでいる。

これはアメリカの心理学者であるロバート・ヤーキーズとＪ・Ｄ・ドットソンが発見した法則で、人間の活動には最適な興奮状態があり、緊張したり力みすぎていてはしかるべきパフォーマンスを発揮することができないというものだ。

ようするに、「一般モニター募集」と大きく宣伝していても、それは商品プロモーションの意味合いのほうが強いのである。

Step 2

心の「仕掛け」で乗せる！ 買わせる！ 誘導する！

なぜできる営業マンは、最後のひと言にもっとも力を入れるのか？

人間は不思議なもので、最後に与える印象が後の記憶に大きく影響を与えるといわれている。人の記憶は、実際に起こった出来事がビデオの映像のようにすべて平坦に機械的に記録されるわけではなく、その時のその人が持つ主観や、置かれた環境によって強弱や快不快がじつに激しく記憶されるのだ。

ダニエル・カーネマンの「ピーク・エンドの法則」によると楽しかった経験や辛かった記憶は、ほぼ完全にそのピーク時と終了時の快不快の度合いで決まるといわれている。

たとえば、何気ない日常を描いた淡々とした映画でも、たったひとつ強烈に印象に残るシーンやセリフがあれば、自分の中で「いい映画だったな」という記憶になって残る。

あるいは、テーマパークの人気のアトラクションに乗るために3時間並んでも、乗れたという喜びと興奮が残れば、「あの日は楽しかったな」という思い出となるのだ。「終わりよければすべてよし」というように、ラストは特に大事なポイントである。

すごく楽しかったデートでも、最後に大喧嘩をしてしまったら〝最悪な日〟という記憶しか残らないのと同じなのだ。

できる営業マンが最後のひと言にもっとも力を入れるのも、「最後」が与えるインパクトを知っているからなのである。

なぜか衝動買いしたくなる100円ショップの秘密の仕掛けとは?

日本を訪れる外国人に人気のスポットといえば、東京の築地や秋葉原、京都などがあるが、とりわけ人気なのが100円ショップだそうだ。

国によっては全商品均一価格という店もあるようだが、日本の場合、圧倒的に違うのがその品揃えの多さだ。たしかに日本の100円ショップには「え? これも100円?」と驚くような商品がずらりと並んでいる。

ところが、この「え? これも100円?」が、まさに100円ショップの落とし穴でもある。乾電池1個を買いに行っただけなのに、つい、あれもこれもとカゴいっぱいに詰め込んでしまうことになるからだ。

一般の店なら、一つひとつの商品の価格が違うために財布の中身も気になるが、ここではひとつ100円というわかりやすさがハードルを低くしている。たいして必要でもないのに、これも100円かと思ったとたんに欲しくなるのだ。

また「友人につき合って行っただけなのに自分も買ってしまう」という「ハーディング（横並び行動）」と呼ばれる行為も、100円ショップでは起こりやすい。

実際は、他店なら100円以下で買えるものや、すぐに壊れてしまいそうなものが含まれていたとしても、なんだか得したような気になってしまうのだ。

100円ショップでつい買いすぎてしまう人は、衝動的な消費行動にとりわけ弱い。総合的にみてその出費は正しいかどうかを買う前に考えるようにしたほうがいいだろう。

大きい買い物をすると、人の金銭感覚に異変が起きるのは？

たとえば、ボーナスが出たので、ふだんは絶対に買わないような10万円のスーツを買ったとしよう。包装されるのを待ちながら満足感に浸っていると、5000円のネクタイが目についた。いつもは1本1980円の安いネクタイしか締めないが、「10万円のスーツなんだから、これくらいのネクタイがピッタリだな」と、ついネクタイも買ってしまった。

●今まで手が出なかったものをついで買いしてしまう心理

10万円
比較するものがないと高く感じる
3000万円
10万円
先に買ったものが高ければ高いほど、
今まで高額だと思っていたものも
安く感じる

──これに似た経験をしたことはないだろうか。大きな買い物をした時に、いつもは買わないような高価なものをついでに買ってしまうのは、人間心理の性である。

ここでポイントになるのは、最初に買ったものの値段だ。それが、いわばその場における基準値となる。その金額を基準にして、あらゆるものを「高いか安いか」で考えてしまうのだ。この基準値が大きければ大きいほど、ついムダな買い物もしてしまうわけだ。

いつもは「高くて手が出ない」と思っている5000円のネクタイも、スーツの値段である10万円と比べれば、たいしたことがないように思えてしまうのである。

大きな買い物をした時は気の緩みがないか、いつもより気持ちが大きくなっていないかどうか、自分自身に問いかけたほうがいいだろう。

なぜ高級住宅地では、安売りがいっさい通用しないのか？

ある店で「安売り」をしていると聞けば、たいていの人は行ってのぞいてみたくなるものだ。ところが、高級住宅街では安売りが通用しないという説がある。どうして高級住宅街ではダメなのだろうか。

これには、いくつかの心理的要因が考えられる。ひとつは、お金持ちが自分のイメージに縛られているということである。いつも自分は高級なものを買っているという感覚を崩したくないため、安売りのモノなど最初から目に入れていないのである。

もうひとつ考えられるのが「ヒューリスティクス」である。人は何かを判断する時に、論理的に考えるよりも直感で簡単に結論を出してしまう傾向が強くなるが、これをヒューリスティクスという。

たとえば、同じようなデザインのバッグが並んでいても、ブランドのロゴがついているだけで、そちらのほうがいいと判断してしまうといった具合だ。スーツを着ていればみんなサラリーマンだと思ってしまうのも同じ心理である。

つまり、高くていいものを買い慣れていると、安いものは品質が悪いものだと勝手に判断してしまい、安売りの商品には手を出さないというわけである。

それほど安くなくても買ってしまう「アウトレット」の心理作戦とは？

全国各地にあるアウトレットストアは、休日ともなると駐車場に入るための車列ができるほどの人気だ。高速道路で遠方のアウトレットまで出かける人も珍しくない。

もともとアウトレットは「キズ物や売れ残りの商品を割引価格で売る特売店」というのがはじまりで、たしかにとんでもない掘り出し物に出会うことも多い。

しかし、最近は必ずしもそうとは限らない。なかには正規の値段で売られている商品も少なくないからだ。それでも客が押し寄せるのは、彼らの中に「アウトレットストア＝安い」という先入感が植えつけられているからだ。

そこには、巧みな心理作戦が繰り広げられている。たとえば、店先のウィンドウには3万5000円の上等なセーターが飾ってあるが、一歩中に入れば1万8000円のセーターが並んでいる。ふつうなら1万8000円のセーターは高いと思う人でも、3万5000円のものを見た後なら、「安い、お買い得だ」と感じてしまうだろう。

これはひとつの「アンカリング効果」であり、こんな演出が「アウトレットストア＝安い」という印象を定着させているのだ。

もともとアンカリング効果とは、船の碇（アンカー）がもとになってできた言葉だ。船が碇を下ろすと、動き回れる範囲はその碇の周辺だけに限られてしまう。

価格のアンカリング効果についても同じで、最初に見たものが基準、つまりアンカーになり、その周辺だけで判断してしまうことをさしている。

ようするに本当に高いか安いかはさして問題ではない。それを目の前にした人がそれをどう受け止めるか、どんな印象を持つかによって、買うか買わないかが決まるのだ。

売る側からすれば、客の感情をうまく動かすことができれば、まんまと買わせることができるというわけである。

「無料体験コース」は、本当に得だといえるのか?

女性は美に対して貪欲だ。美しくなるためだったら多少の出費はいとわずにエステに行きたいと思っている女性は多い。

とはいっても、エステサロンの料金はかなり高額なので、二の足を踏んでしまう人も少なくない。そんな女性心理をうまく突いたのが「無料体験コース」である。

ところが、このコース、無料のはずがかえって高くついてしまうというカラクリが潜んでいる。

極端な例ではあるが、たとえば、脱毛コースが片足や片方のワキだけ無料というケースだ。片方で満足できる女性はおそらくいないだろうから結局、もう片方もということになってお金を払ってしまったりするのだ。

じつは、この無料体験という「お試し」はクセモノで、食品の試食や車の試乗なども同じだが、その目的は消費者に商品のよさを最大限に実感させることにある。

そして、お試しの最中に満足感を味わってしまうと、それを手放したくないという気持ちが生まれてしまうのである。これを「保有効果」という。

エステでも無料体験コースはベテランのエステティシャンが担当することが多く、だからこそ客に十分な満足感を与えられるというわけだ。

「このまま続ければ、もっと美しくなれますよ」などとおだてられれば、つい高額な通常コースに申し込んでしまうといった具合だ。

無料体験コースは、有料コースへと客を導く誘い水なのである。

ダメだとわかっていても 宝くじを買い続けてしまうのは？

宝くじの発売時期ともなれば、過去に高額当選が出たといわれる売り場には長蛇の列ができる。当てるためには、ご利益がある神社を詣でたり、ラッキーナンバーの窓口に並ぶなど、ゲンを担いで一攫千金を夢見る人のなんと多いことか。

●人間は「起こる確率」の低いほうが「起こる」と思い込む

起こる確率の低い出来事

- **宝くじで1等が当選する**
- **飛行機事故など**

もしかすると
当たるかも…

起こる確率の高い出来事

- **病気による入院・手術**
- **自動車事故など**

自分は大丈夫、
きっと起こらない
だろう

もちろん、なかには〝幸運〟を手にする人もいるのだろうが、大多数の人は購入額を上回ることすらできない。それでも、懲りもせずにせっせと宝くじを買い続けてしまうのはなぜなのだろうか。

それは「もしかしたら当たるのでは⁉」という淡い期待があるからだ。

何百万分の1とか、何千万分の1とか、ごくわずかな値であることは承知のうえである。その確率がいったいどれくらい正確な数値なのかを知らなくてもかまわないのだ。

じつは、この「ごくわずか」というのがキモで、人間は当たる確率が小さければ小さいほど、その価値を過大評価してしまう傾向があるのだ。

これを専門的には「確率加重関数」と呼ぶ。関数と聞くとなにやら難しそうな気もするが、中身はけっして難解な話ではない。

まず、宝くじとは「当たるか当たらないか」、つまり1かゼロかの話である。あらかじめ当選確率がゼロだとわかっていれば、誰も宝くじを買いはしない。だが実際は、すべての人にゼロ以上、1以下の確率がある。

問題はこの数字の感じ方で、1に近い数字よりもゼロに近い数字、すなわち限りなく低い確率のほうに、より大きな期待をしてしまうというのである。

ちなみに、この境目の数字は0・35だといわれている。つまり、宝くじが当たる確率が0・35以上の場合より、0・35以下のほうが過大評価されるというわけだ。

その時の売り上げにもよるが、一般に年末ジャンボ宝くじの1等の当選確率は0・0000001パーセントで、0・35よりもはるかに低い。これが宝くじをやめられない理由なのである。

カジノで持ち金が全部なくなってもあきらめがつくのはどうして？

日本でも「カジノ構想」は盛り上がっているが、ラスベガスを擁するアメリカやお隣り韓国、そしてマカオなど、公認のカジノがある国や地域は多い。

今のところ自分の国ではできないだけに、そういう場所ではつい散財してしまうのが日本人で、「10万円でやめるつもりが、気づいたらキャッシュカードの限度額までやってしまった」などという経験を持つ人もいるのではないだろうか。

たとえば軍資金の10万円が15万円に増えたとする。勝負ごとにはビギナーズラックがつきものなので、こういう展開はわりとありがちだ。

その時点で5万円も儲けたことになるが、ここでやめずに、その5万円を次のゲームにつぎ込む。案の定、負けてしまい勝ち分はあえなくパーになるのだが、それでも「まあ、これでプラスマイナスゼロだな」と何となく納得したような気になったりする。

そこで、再び最初の軍資金の10万円をつぎ込むと、今度はすっからかんになる。10万円の損失はふつうに考えればかなり痛いが、どういうわけか「どうせ、もともとあってないようなお金だし」と妙に納得してしまうのだ。

一時的には持ち金は15万円になったのだから、このケースは15万円の損失と考えることもできる。なぜ日常生活で使う15万円は惜しがるのに、カジノでスッた15万円は惜しくないのだろうか。

じつはこれは、「ハウスマネー効果」と呼ばれる一種の心理的傾向で説明がつく。「ハウス」とは賭場を意味する。この効果をわかりやすくいえば、ハウス（カジノ）にいる間は、自分のお金であるにもかかわらず、ハウスのものだと認識してしまうということだ。

特に、最初の軍資金の価値が軽ければ軽いほど陥りやすいようで、たとえば、軍資金10万円で自分の人生が決まるなどという人なら別だが、カジノなどにやってくる人はほとんどが遊びに来ているのである。

そこで使うお金はあくまでも「遊ぶ金」であり、そう決めてしまえば額の大小は問題ではない。儲けたお金を含め、すべて「あぶく銭」と認識されるのだ。

いくらスッても痛くもかゆくもない大富豪ならともかく、ギャンブルで身を持ち崩すようなタイプは、この効果がもたらすワナを思い出してほしい。

レジまわりの「ついで買い」が起きる心のメカニズムとは？

たとえばスーパーやコンビニエンスストアなどで、商品を入れたカゴを持ってレジ待ちの列に並んでいる時、何気なく眺めていたレジの前にある商品を思わずカゴに入れてしまった、という経験はないだろうか。

レジに並んでいる買い物客は、買い物が終わってホッとひと安心している。いわば緊張感が緩んでいる状態だ。そんな時だからこそ、お菓子やアクセサリーのような「必ずしも買わなくてもいいけれど、買ってもかまわない」という商品に意識が向いてしまうのである。

だいいち、列に並んでいる間というのは手持ち無沙汰で何もすることがない。すると間近にあるそういう商品をつい、まじまじと見てしまうものだ。

しかも、そういう商品は常に大量に並んでいる。それがいかにも「ひとつくらい買ってもいいか」という、いわば衝動買いに似たような感覚で手を出してしまうのだ。

店はそれを見越して、ひと通り買い物を終えた客の気持ちを計算し尽くしたうえでレジ周りの商品を揃えているわけだ。

「さみしがり屋」はなぜ黄色いネオンに引き寄せられるのか？

会社帰りにちょっと一杯やりたいのは、仕事を頑張った自分へのご褒美ということもあるが、どこかで癒しを求めているのかもしれない。疲れているなら一刻も早く我が家に帰って寝てしまったほうが体は休まるし、お金もかからないことはよくわかっている。

しかし、ローンで買った家は遠いし、やっと我が家に帰っても自分の居場所がなかったりする。そんなこんなで、ついつい酒場をハシゴすることになるのだ。

ネオン街には、こういうさみしがり屋のサラリーマンが溢れている。いや、じつはそんなさみしがり屋の彼らを引きつける秘密がネオン街にはあるのだ。

夜の街は、色とりどりのネオンがあるせいか賑やかなイメージがあるが、8時を過ぎる頃になると黄色いネオンが目立つようになるのを気づいているだろうか。それはけっして偶然ではなく、客を囲い込む店側のひとつの〝戦略〟なのだ。かくしてさみしがり屋のサラリーマンは、この黄色のネオンにまんまとはめられてしまうのだ。

黄色は、脳を最も刺激する色といわれている。道路標識でも「危険」や「注意」の看板はたいてい黄色である。それだけ人の目を引きつける色なのだ。

また、目を冴えさせる色でもあるので夜にはうってつけであり、仕事で疲れた暗い気持ちを払拭してくれそうなことから、コミュニケーションの色ともいわれている。「なんだか寂しい…」「家に帰りたくない」「面白いことないかな」と、夜の街をさまようさみしがり屋を呼び込むにはまたとない色なのである。

思えば飲食店以外にもレンタルビデオ店やゲームセンター、ディスカウントショップなどの看板にも黄色が多い気がする。たしかにどれも深夜まで営業をしている店だ。

ネオン街の黄色になぜか引きつけられてしまう時は、あなたの心が弱みを見せ始めているのかもしれない。

お金がなくても贅沢がやめられない人の心理とは?

たまに旬を過ぎたアスリートや、すっかりテレビで見かけなくなった芸能人が借金苦にあえいでいるとか、自己破産したといったニュースを見ることがある。

そんな苦境に陥っても破綻する直前まで高級車を乗り回したり、ブランド物の洋服を身に着けていたりすることがある。

庶民からすれば一財産を築いたのだから、贅沢をしなければ一生楽をして暮らしていけるだろうと思えてならないが、しかし彼らは借金をしてまでも生活レベルを落とさない、いや、落とせないのである。

たとえば、月収50万円で家賃15万円のマンションに住んでいたが、リストラされたため転職。再就職先では月収が30万円にまで落ちたとする。ふつうなら、この時点で家賃も10万円もしくはそれ以下に落とさなくてはやっていけないだろう。

ところが、人間は一度贅沢な生活を味わってしまうと所得が減ったからといって生活水準を下げるのが難しくなってしまうのだ。これには「ラチェット効果」が大いに影響していると考えられる。

ラチェット効果とは、「人間の消費行動は、現在の収入よりも、過去最も高かった時の収入の水準によって左右されやすい」という学説で、もちろんセレブな芸能人だけでなく、一般の人でも陥りやすい。

なかでも自営業者やボーナスの増減が激しい業界など、特に収入の振れ幅が大きい職種の人に多くみられる。どんなに意思が強い人でも、一度いい夢を見てしまうとそれが忘れられないものなのだ。

新しい「スマホ」が出るとすぐに乗り換えたくなるのはなぜ？

スマートフォンは人気機種の最新モデルが発売されるとなると、それだけで大きな話題になる。最新のスペックがニュースで取り上げられ、発売日前から店頭には早くも行列ができ始める。その光景はまさにお祭り騒ぎである。

もちろん、そんな騒ぎに加わっていなくても最新機種が出るたびに新しいスマホが欲しくなる人は多い。今使っているスマホが1年ほど前に買った最新機種でも、また新しいのが欲しくなるのはなぜなのだろうか。

欲しかったモノを手にした時、人は幸せを感じる。特に長蛇の列に並んでやっと手に入れたとなれば、幸福感は最高潮に達する。まるで、以前から心を寄せていた異性に猛アタックして、やっと結婚が叶ったような気分だ。

だが、その瞬間から「ヘドニック・トレッドミル」という現象が始まる。これは、時間の経過とともに幸福感が薄れてしまい、欲しかったモノを手にしたことにも慣れてしまうという現象だ。これはまさに、結婚生活の倦怠期と同じである。

そうなると、もう一度、あの頃の幸福感を求めて新しいスマホの登場を心待ちにしてしまうのだ。人間の欲望にはキリがないのである。

「あと○円で送料無料」といわれると、一気に財布のヒモがゆるむのは？

通信販売でモノを買うと、どうしても送料がかかってくる。それを客と店のどちらが負担するのかは、購入者にとっては大きな問題だ。

モノにもよるが、一般的に送料といえば300〜500円くらいはかかる。1000円の商品を買って、そこにこれだけの送料がプラスされるのなら、自宅の近くにある店で探してみようかという気にもなる。

そんな迷いを一気に払しょくするのが、「あと○○円で送料無料」という文句である。

これは商品をカートに入れると、同時に表示される場合が多い。

もし、送料が無料になるまであと500円だったとしたら、送料を別途支払うよりも何かもう一つ買っておくかという気になるのではないだろうか。

たとえ支払総額は変わらなくても、買えば商品がもう一つ手元に残る。それだけで送料として支払うよりも得した気分になるのである。

消費者にとって送料無料というのはやっぱりうれしい。この「あと○○円で送料無料」という表示は、客の購買欲をつかむ巧妙なマーケティングテクニックなのである。

「あぶく銭はとっとと使ってしまえ」というのは本当か？

思いがけない幸運が舞い込んでくるのを〝棚からぼた餅〟といったりするが、２００９年に経済対策として国民全員に支給された「定額給付金」はまさにそのいい例だろう。定額給付金に限らず、こうした棚からぼた餅的なお金は、うっかりすると何に使ったのかわからないまま消えてしまうことが多い。これはいったいなぜだろうか。

結論からいえば、お金の価値は常に同じではないからだ。

たとえば、１日汗水たらして働いて稼いだ1万円と、偶然道端で拾った1万円ではまったく意味が違う。

拾った1万円はその日のうちにパーッと飲み代に使うことはできるが、肉体労働をして稼いだ1万円は大切に使うに違いない。我々はお金の価値に、それが手に入った時の経緯や感情を上乗せしているのだ。

だからこそ臨時収入のように予期せず手に入ったお金は、明確な使い道を決めない限り、あっという間に消えてしまうのである。

むろん、常にお金に意味を持たせて使うことなど難しいわけで、たいていの場合、お金は「なんとなく財布に入っている」だけのものともいえる。

なかでも、「棚ぼた」のお金には何の苦労も思い入れもない。よく「あぶく銭はとっとと使ってしまったほうがいい」といわれるが、これはこうした人間心理を如実に表したものなのだろう。

自信のある投資家ほどハマってしまう心の罠とは？

ネットでも投資ができるという手軽さがウケて、ずいぶんと素人の投資家が増えてきた。

とはいえ、儲かることもあれば、損をすることもあるのが投資や相場の世界だ。初心者より、経験や知識の豊富な人のほうが安心して投資ができると考えるのは当然である。

ところが、事情に明るい自信家ほど失敗してしまうケースは少なくない。それは、いくつかの心理的なワナがそうさせるのだ。

たとえば、人間は誰でもできるだけリスクを避けようとする「損失回避」の性質を持っている。しかも、損失が大きいほど、それを避けようとする傾向が大きくなり、結果的に判断を誤るのだ。

仮に損失が出たとしても、早めに手を引けば痛手は小さくてすむのだが、投資額が大きくなるほど何とか損失分を取り戻そうという気持ちが強くなる。そこで、新たに無謀な投資をしてさらに損失を大きくしてしまうのである。

このような〝判断ミス〟をしてしまう心理は「コンコルドの誤謬《ごびゅう》」と呼ばれる。フランスの超音速旅客機「コンコルド」が莫大な資金をかけながらも、そのことが逆に足かせになり、商業運航からの撤退を余儀なくされるまで長い時間がかかってしまったことから生まれた言葉だ。

また、経験や知識が豊富にあると、自信過剰にもなりやすい。投資は、市場のあらゆる要素を総合して分析する必要があるのだが、エキスパートになればなるほど自分の能力を過信してしまい、市場は自分の予測通りに動くと思い込んでしまう。目の前にあるリスクを小さく、将来のリターンを大きく見積もってしまうのである。

プロであっても、ついつい熱くなりすぎてしまうのが投資の恐さでもある。失敗しないためには、冷静な判断力こそが大事だといえよう。

《COLUMN》

人がネットショッピングに
ハマってしまうのはどうして？

ネット通販にハマるＯＬや主婦はたしかに増えている。ひどいケースになると生活費にまで手をつけ、自己破産の一歩手前などという深刻なケースも聞こえてくる。

しかし、そうはいっても通信販売はインターネットが出現する前から存在している。テレビショッピングもあればカタログショッピングもある。それなのに、なぜネット通販だと自制がきかなくなるのか。

通信販売は、わざわざ店に足を運ばなくても商品を選べるという手軽さがウリである。しかも、テレビやカタログ販売では電話をかけたりハガキを書いて送らなければならないが、ネット通販ならパソコンのマウスでクリックするだけ。好きな時間に好きなものを、誰ともコミュニケートすることなく買えるというのがエスカレートする理由なのである。

また、これは通販全般に共通していえることだが、店で買い物をする場合と違ってお金を支払っているという実感が湧かないことだ。ネット通販で迷いなくクリックできてしまうのは、すぐに財布の中身が減らないからだ。

さらに重症化すると「パソコンに向かって買い物をしている時が一番楽しくて、商品が届いたとたんに熱が冷めてしまう」という本末転倒な事態に陥る。

こうなると、すでに商品を手に入れることが目的なのではなく、画面上に好きなものを集めてクリックすることが快感になっている可能性が高い。ＯＬや主婦に限らず、男性でもこんな自覚がある人は要注意だ。

Step 3

お客に言えない
そんな「戦略」があったのか！

お店があえて売れなくてもいい高級商品を揃えるワケは？

人間の消費行動について興味深い実験をした人がいる。あるグループにデジタルカメラを買ってもらうのだが、用意したカメラは3万8000円と7万6000円の2つで、購入者の選択はほぼ半々に分かれた。

別のグループには、この2つのモデルのほかに、12万8000円の商品が加えられた。すると、ほとんどの人が7万6000円の商品を選んだという。

選択肢が2つだった最初のグループでは、購入者の選択はほぼ均等に分かれたのに、選択肢を3つに増やした別グループでは〝中間商品〟に偏ってしまったのだ。

この実験でわかるのは、人間は選択肢が3つ以上あると真ん中を選びたくなるということである。そんな単純な話があるのかと思われるかもしれないが、実際、レストランなどではこの〝法則〟をメニューをつくるうえでのヒントにしているところも少なくない。

たとえば、ランチメニューに1000円のAコースと2000円のBコースがあり、レストランとしては2000円のBコースのほうを売りたいと思っている。

その場合どうするかというと、新たに3000円のCコースを設定するのである。Aか Bの二者択一にすると売れ行きは二分されてしまうが、そこに上級クラスのCを加えただけで、中間商品が〝売れ筋〟になるからだ。

見方を変えれば、3つくらいの選択肢は消費者にとっても都合がいいといえる。特に優柔不断な人なら、なおさらだ。

ディスカウントストアの無造作な商品の並べ方に隠された緻密な戦略とは？

食料品から衣類にいたるまで、取り扱っていないものはないというくらい品数の多いのがディスカウントストアだ。しかも、どの商品も通常の値段より安く手に入るとあっていつも混雑している。

そんなディスカウントストアなどで、商品が棚に並べられることなく配送用の段ボールに入れられたままで売られているのを見かけることがある。

無造作に山積みされた段ボールには商品がぎっしりと詰まっているが、そこに手書きのポップが貼られていると不思議と人だかりができていく。そして次々と客の手が伸び、あっという間に完売となってしまうこともある。

いかにも「手間も時間もカットして、余分なコストを抑えています！」といわんばかりの見せ方に、消費者の心はつい引かれてしまうのだ。

このように商品が入っていた段ボールなどの箱をカットしてそのまま陳列するのは、じつは「カットケース陳列」とか「段ボールカット陳列」などと呼ばれ、れっきとした陳列テクニックのひとつなのである。

販売のプロを認定する「販売士」の資格試験にも問題として登場するほどで、業界ではよく使われている手法なのだ。

アメリカのビジネス書の著者であるホール氏によると、一般に消費者は「注意（Attention）→関心（Interest）→欲求（Desire）→記憶（Memory）→行動（Action）」と、5つの段階を経て商品を購入するという。

これはその頭文字をとって「アイドマ（ＡＩＤＭＡ）の法則」と呼ばれているが、この段ボールカット陳列はその最初のステップでもある「注意」と「関心」を持たせるにはもってこいなのだ。

そもそも、ディスカウントストア自体が店の内装にあまり手をかけずにほとんど倉庫そのもの、という雰囲気を出している店が少なくない。これも店全体で「コストをカットしている」という印象を客に与えるための〝演出〟なのだ。

何気ないところにも、売らんがための計算が見え隠れしているのである。

感謝セール、創業祭……そのネーミングにはどんな「裏」がある？

今時、定価で買い物をしたいと思う人はほとんどいないだろう。インターネットで検索しては1円でも安く買うことのできる店を探す人は少なくない。

とはいえ、あまりに安すぎても「これには何か裏があるのでは…」と勘ぐってしまうのが消費者心理だ。

ましてや、食の安全が消費者の関心事となっている現在、消費者は一にも二にも安心できる商品を買いたがっている。

そんな私たちが安心して安いものを買えるのが、じつは「○○感謝祭」とか「○○市」などと名づけられたセールである。

たとえば「創業10周年に感謝して3割引き！」「毎週水曜日は全品1割引きでご提供！」などと、どうして安いのかを消費者に端的にアピールして、値段の正当性をわかってもらうのがこのセールの狙いである。

ようするに、安くなっているワケと数字がひと目でわかれば客の信用を得ることができるのだ。つまりは、何周年記念だろうが何曜日の市だろうが、客を説得することができれば理由は何でもいいのである。

また、プロ野球シーズンが終わる秋に必ず行われる球団関連のデパートやスーパーでの「優勝感謝セール」や「応援ありがとうセール」などもその代表的な例で、「優勝したから安いんだ」、さらには「セールをやっているうちに買わなければ損だ」という〝魔法〟にかけられてしまうのである。

そして店に足を運べば、大音量で流れるチームの応援歌とド派手なポップ、そして集まっているファンや客の熱気につられてしまい、つい予定外の買い物までしてしまうのだ。

どうして安売りチラシはきまって黄色なのか？

週末や祝日の前となると、大量に入ってくるのが新聞の折り込みチラシだ。

カラー写真がふんだんに使われている住宅メーカーからカーディーラーのチラシ、パチンコ店の新装オープンを知らせるチラシ…と、「チラシは見ていて楽しい」という人は多いが、なかでも多くの人が一瞬手をとめて見てしまうのは、あの「黄色」をふんだんに使った安売りチラシではないだろうか。

この黄色のチラシは、スーパーの安売りの宣伝などで使われることが多く、カラー写真が載っていないいわゆる「一色刷り」で、インパクトはことのほか大きい。ではなぜ、安売りのチラシは黄色を使ったものが多いのだろうか。

それは、黄色には注意を呼びかけて注目させる効果があるからだ。カラー写真もふんだんに使われている折り込みチラシの中にあって、安売りの黄色いチラシに自然と目がいってしまうのはこのためでもある。

そして黄色にはまた、安っぽい印象を与える効果もある。それを逆手にとって、黄色いチラシは掲載されている商品を実際の価格以上に割安で、お得な雰囲気を暗にアピールすることができるというわけだ。

これでもかとばかりに「特売バナナ88円！」と大きく書かれていれば、どんなキャッチコピーよりも消費者の胸に突き刺さるのだろう。

ちなみに、この黄色と同じように「赤」色にも人の目を引く効果がある。活発で躍動感あふれる印象を与える赤には消費者の購買意欲をあおる効果もあるが、黄色とは違ってチープなイメージはついてはこない。その証拠に、格式高いデパートでもセールの時期には店内に張り出される「ＳＡＬＥ」の文字には赤色が使われているくらいだ。

「目玉商品」に透けて見えるお客が知らない〝思惑〟とは？

一般の小売店はいうに及ばず、スーパーでもデパートでも「お買い得品」や「セール品」といった目玉商品はよく並べられている。チラシにも掲載されるので、こうした目玉商品を目当てに買い物に行くという人も多いだろう。

時には、「え？　なんで、こんなに安いの!?」と驚いてしまうこともあるが、じつは目玉商品といっても店にとってはたいした儲けにならないという。それならば、なぜ目玉商品を置くのかというと、そこに客を呼び込む巧妙な心理作戦があるのだ。

目玉商品そのものにつられて集客率が上がるのはもちろん、目玉商品を買った客は、ほかの商品もついでに買っていってくれるのである。

人間は得をしたと感じている時には、特に買う気もなかったものでもつい買ってしまうという習性がある。

目玉商品を安く買って気持ちにゆとりができた客は、なんとなく懐にも余裕ができたような錯覚に陥ってしまい、それで通常価格の値札のついたほかの商品も買ってしまうというわけだ。いわゆる、衝動買いという消費行動である。

また、お目当ての商品がほかの店より安かったりすると、この店は安いに違いないと勝手に思い込んでしまう傾向もある。そのため、売り場にあるほかの商品まで手が出てしまうのだ。

つまり、目玉商品は客にお買い得感をアピールするための戦術だったのである。

赤線で修正して買わせる「割引表示」の心理テクニックとは？

どんな商品でも割引されればうれしいものだが、赤線を横に引いて値段を変更してある値札はことさら魅力的だ。

たとえば、10000円が赤い線で消されて5000円になっていたり、それがさらに修正されてもっと安くなっていたりすることもある。Tシャツを買いにきたはずなのに、なぜか店を出る時には同じように割引の赤札がついたジャケットも手にしていたなんてこともあるだろう。

ところで、人はなぜ赤線で修正された値札を見ると思わず買いたくなってしまうのだろうか。ここには、消費者の購買意欲をあおる心理トリックが隠されている。

値札に定価と割引価格の両方が表示されていると、その比較が一目瞭然になる。すると、客に与えるインパクトが大きくなり、よりいっそう割安感が増すのだ。これを「コスト認知変化説」という。

消費者の心理は、その商品がいくらかという点ではなく、どれだけ得になっているのかという一点に集中してしまうというわけである。

もうひとつのトリックが、「相互譲歩説」だ。これは、片方が譲歩すると、相手もそれなりに譲歩するという駆け引きを表したものである。

赤線での修正は、店側が値段でどれだけ譲歩しているのかを見せることになる。すると、客のほうも「ここまで譲ってもらっているんだから、自分もここで手を打とう」という気分にさせられるのである。

売れる価格設定のキーワード「心理的価格」って何？

モノの値段は通常、生産にかかったコストとの兼ね合いで決まってくるものである。とはいっても商品は売れなければつくる意味がない。

その価格設定にはお金を出す消費者の「これくらいなら買ってもいい」という心理が取り込まれているのだ。

その代表ともいえるのが、新聞の購読料と理髪店の散髪代である。

新聞の購読契約はたいてい1ヵ月から、また散髪も1ヵ月に一度くらいは行っておかなくてはならないと考えると、どちらも1ヵ月のサービスに対しての支払いといえる。

そこでその料金変化をみると、平成に入った頃には3000円前後だったが、どちらも今や4000円前後と実際にほぼ同じように値上がりをしている。つまり、どちらも「毎月払ってもいい」という程度の値段に設定されているのだ。

このように、消費者の購買意欲をくすぐる値段設定は「心理的価格」といわれる。

たとえばブランド品や化粧品などでは、安いとかえってニセモノではないのかと疑われてしまうため、高い素材を使うことで少々高い値段をつけても商品は売れる。これは「名声価格」といわれている。

また、端数が客に安い印象を与えるということから、90円で売るよりもかえって98円の売価のほうが売れたりもする「端数価格」といった値段のつけ方もある。

これからの時代、さらに信じられないような金額がさまざまな値段の相場となって定着していくのかもしれない。

ボタンの位置で売り上げが大きく変わる自販機の販売戦略って何?

最近の自動販売機にはかなり大型のものが多く、当然、売られている飲み物も種類が豊富だ。1台の自動販売機に、お茶や水、コーヒーに炭酸飲料、おしるこや甘酒、スープまで売られていることもある。

ところが、それぞれの売れ行きを見てみると、じつは、どれが最も売れ行きがいいかの傾向ははっきりしている。それを決めるのは飲み物の種類やメーカーではなく、じつはボタンの位置にある。

答えを先にいうと、コインの投入口に近い場所にボタンがある飲み物が最も売れ行きがいいのである。

自動販売機で自分が飲み物を買う時のことを考えてみればわかる。「絶対にこれが飲みたい」と目的がはっきりしている場合は別として、「何でもいいから喉を潤したい」という場合には、コインを投入した後、あまり手を動かさなくてもすむ場所のボタンを押してはいないだろうか。それは、そのまま買う側の心理でもある。

●自動販売機の売れ筋商品はここにある！

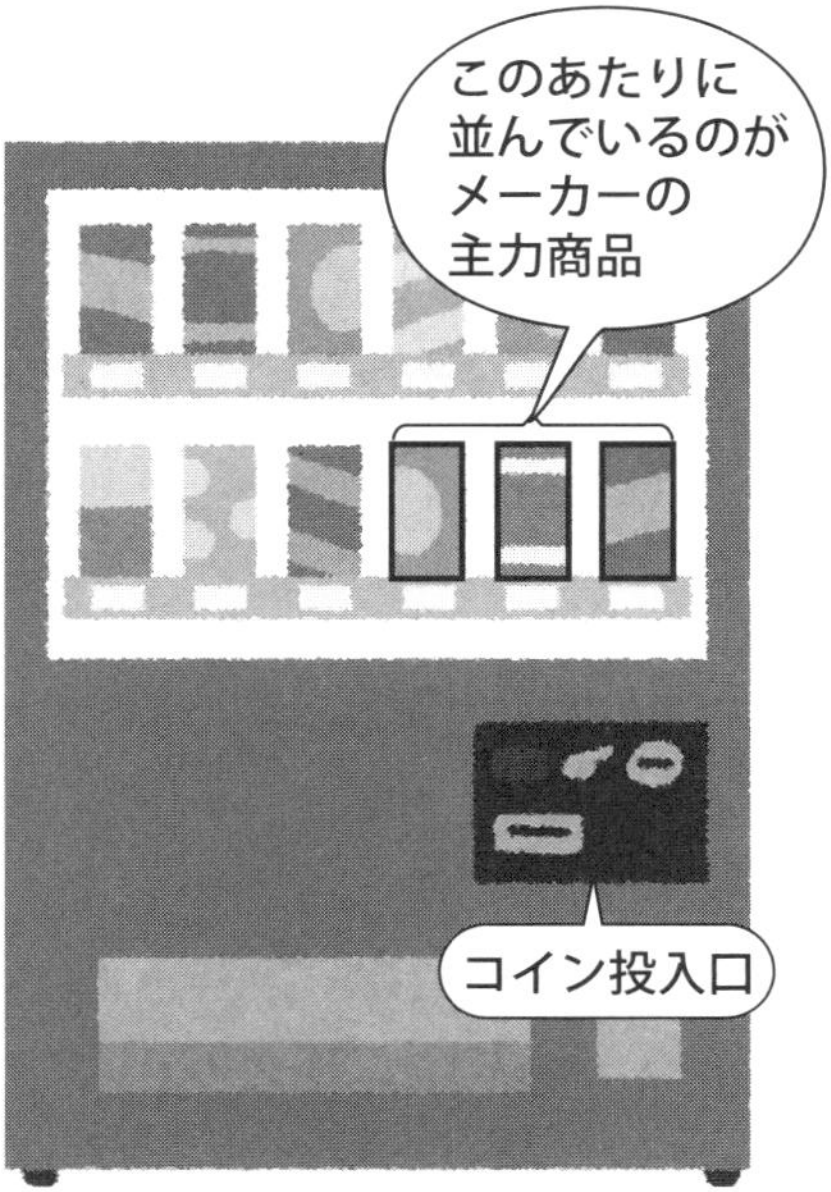

人は特に欲しいものが決まっていない場合、
手近なものを選ぶ

最近の自動販売機は横幅が広く、コインの投入口から一番遠い飲み物を買おうと思ったらちょっと移動しなければならないものもある。「そこまでしなくてもいい、手近なものですませよう」という人からすれば、ついコインの投入口から最も近い距離にあるボタンを押してしまうというわけだ。

巧みにお客を誘導するデパートの二つの仕掛けとは？

デパートに買い物に行くと、ニッポンの消費経済はやはり女性に支えられていると実感せずにはいられない。なぜなら、たいていのデパートでは1階が〝女の園〟である化粧品売り場で占められているからだ。

ところで、なぜ多くのデパートが1階に化粧品売り場を持ってきているのだろうか。たしかにデパートで扱うコスメアイテムには高価なものが多く、それらは自然と「客単価」を上げてくれる。ところが、それればかりが理由ではない。

買い物に行った時、閑散としているよりは客が多くて活気のある店に足が向くのは当然のことだ。ましてや女性客が楽しそうに買い物をしている様子は、下手なテレビＣＭよりも何倍も客の心を引きつけてくれる。

　こうして女性客でにぎわう雰囲気につられてデパートに入ってきた買い物客は、「ちょっと服でも見ていこうか」とか「疲れたからお茶でもしようか」などと、上のフロアへと昇っていくのだ。

　このように、下のフロアから上のフロアへ客の流れをつくることを「噴水効果」という。つまり、化粧品売り場はこの〝噴水〟の役割を果たしているのだ。

　また、上のフロアで買い物をした客は、今度は各フロアを下りながらさらに買い物を続ける。これは逆に「シャワー効果」と呼ばれており、「デパ地下」の食材売り場のスイーツ店などに行列が絶えないのは、このシャワー効果のおかげもある。

　この〝噴水〟と〝シャワー〟のダブル効果で店内を客であふれさせることができれば、店の笑いも止まらなくなるというわけだ。

実際よりも広く見せる「モデルルーム」の演出トリックとは？

　マンションなどのモデルルームには、家具が配置されていることが多い。見学者にとっては実際の生活をイメージしやすくなるうえ、「この部屋は子供部屋にちょうどいいかも」などと想像をするものだから、購買意欲もいっそう高まることになる。

ところが、マンションを買っていざ入居をしてみると、思っていたよりも狭いと感じてしまうことがある。じつは、モデルルームには人間の目と脳の働きを利用したある〝マジック〟が隠されているのだ。

たとえば、写真を見る時、そこに写っている人物は実際のサイズよりはかなり小さい。それでも、われわれはそれを「小さいなあ」とは思わずにすんなりと受け入れる。これはそれまでの経験に基づいて、相対的にものごとを知覚しているためだ。

モデルルームに設置してある家具は、こうした知覚のトリックを利用して実際の家具よりも小さくつくられている場合がある。

しかし、小さい家具が置いてあることなど知らない客は、部屋の大きさと家具のバランスを相対的に見て、何の疑いもせずに「広い」と感じてしまうのである。あるいは、より広く見せるためにあえて最低限の家具しか置いていないこともある。

それでも、空っぽの部屋を見せないのは、人は家具が置いてあるほうが広さを実感できるためである。

買ってから「あれ?」などということにならないためにも、目の錯覚にごまかされないよう気をつけたいものである。

コストがかかっても「おしぼり」を出すお店の真意は？

飲食業界では「おしぼりを出す店はつぶれない」といわれている。しかし、おしぼりが人気で店が流行るというわけではないし、おしぼりさえ出していれば店がつぶれないというわけでもない。

ただ、業界にそんな〝神話〟があるくらい、おしぼりは飲食店にとってあなどれないものだといえる。

近頃は紙おしぼりを出す店も多いが、ここでいうおしぼりはタオル地のおしぼりである。高級店ほどフカフカで触り心地のいいタオルを使っているものだ。

テーブルについて真っ先に出てきたのがそんなおしぼりだと、まず気分がいい。夏には冷えたもの、冬には温めたおしぼりが出てくるのもうれしい気遣いだ。

さらに気の利いた店になると、食事が終わってくつろいでいると、お茶と一緒にまたおしぼりが出てくることがある。それだけで「あら、親切」とか「気がきく店だ」という印象が残る。

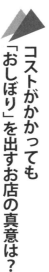

ここまでくれば、もうおしぼりの大切さがみえてきたと思うが、おしぼりはサービスのひとつであり、客に対する心配りでもある。おしぼりを出しても一銭の儲けにもならないが、客に少しでも気分よく食事をしてもらいたいという気持ちの表れなのだ。

もちろん、おしぼり1本にだってコストはかかる。しかし、そういうところに気を配れる店は料理にも愛情がこもっているし、トイレも常に清潔でスタッフの教育も行き届いていることが多い。

「おしぼりを出す店はつぶれない」といわれるゆえんは、このあたりにあるのだ。

結婚式場の「赤いカーペット」がもたらす心理効果の謎とは？

部屋のインテリアを考えるうえで、カーペットやカーテンの色は部屋全体の印象をガラリと変える重要なアイテムのひとつだ。そんなカーペットの色といえば、よく映画祭や授賞式の式典、また結婚式場で使われている「赤」である。

赤はおめでたい色とされているが、やはり縁起がいい場所だけに赤色のものを使っているのだろうか。じつは、理由はそれだけではないのだ。

たとえば、大安の休日に結婚式を挙げようものなら、招待客も合わせるとかなりの人数が出入りすることになる。そんな忙しい日だからこそ赤が効果的なのだ。

色彩心理学では、赤には時間を長く感じさせる効果がある。赤く彩られたカーペットを歩いていると、実際は短い距離でも長く歩いているように感じるのだ。

分刻みのスケジュールで新郎新婦がどんなにせかされていたとしても、不思議とゆったりとした気分にさせてくれるのである。

ちなみに色の効果といえば、白と黒では同じ重さのものでも黒のほうが重く感じるという。いわれてみれば、結婚式場で引き出物を入れるのに使われる紙袋は大きな袋ほど白っぽく、反対にやや小ぶりな袋は濃い色のついたものが多い。

重すぎても困るが、軽すぎても物足りない…、そんな心遣いを考えた色合いなのだ。

なぜ高層ビルのエレベーターホールには「鏡」が置いてあるのか？

ある調査によると、紳士・淑女の国であるイギリスでは女性は1日に30回以上も鏡を見ているという。身だしなみに気をつけているからなのか、自意識過剰な人が多いのかというのはさておき、人は誰でも自分が鏡に映るとなんとなく髪や服に手がいってしまうものらしい。

さて、鏡といえばデパートや高層ビルのエレベーターホールに大きな鏡があるのを記憶している人も多いのではないだろうか。

大都市では、10階や20階といった高層ビルはもはや当たり前となっている。そんなビルでエレベーターに乗る時に、ボタンを押してもエレベーターはなかなかやってこないことがあるが、待たされると誰でも少なからずイライラしてくるものだ。

そこでふと横を見ると、鏡が置かれているのに気がつく。実際に鏡が置かれていなくても、ドアが鏡のように磨かれている場合もある。

自分の顔を見て気分を害する人はそうはいないし、その鏡に映る自分の姿を見て自然と髪を直したり服装を整えたりする人もいるだろう。そうやって時間を潰しているうちにエレベーターがやってくるという寸法だ。

実際にエレベーターの待ち時間の長さについてよくクレームを受けていたあるデパートでは、鏡を置くことでクレームの数が激減したという。

客が不都合を感じてイライラしてしまっては気持ちよく買い物をしてもらえない。さりげなく鏡が置いてあるのは、少しでも気分よく過ごしてもらおうという店の配慮でもあるのだ。

「器」を変えて中身を多く見せるラーメン店の裏ルールとは？

ラーメン屋で注文したラーメンが運ばれてきたとしよう。ドンブリにスープも具もあふれんばかりに入っているのを見ると、思わず口元が緩んでしまうものだ。しかしこれは店の演出で、微妙に小さめの器を使っているからなのかもしれないのだ。

この時、客は実際のラーメンの量ではなく、ラーメンと器との割合を比較して判断していることになる。同じ量でも小さめの器なら120パーセントくらいは入っているように見えるが、大きめの器なら8割しか入っていないように感じるという具合である。

このように、人は実際の数値よりもその周辺にあるほかの要素と比較して、その「割合」でよくも悪くも判断してしまうことが多い。

ちなみに、このことを逆手にとった賢いダイエット方法もある。ご飯茶わんを少し小さめのサイズのものと取り換えるのだ。小さな茶碗なら、今までよりご飯の量を少なくしたところで、見た目には〝ふつう盛り〟で、うまくすれば〝山盛り〟にすら見える。

これなら無理なく炭水化物の量を減らすことができるはずだ。

100円ショップの人気を左右する陳列法「プラノグラム」って何？

数が足りているものや不要なものにはたとえ100円であっても無用なおカネを出さない、という人は少なくない。

しかし100円ショップでは、そんな客の「ついで買い」を誘うような工夫をしている。その秘密は、商品の陳列法にある。プラノグラム（棚割り計画）といわれる通り、棚ごとに陳列が考えられているのだ。

簡単にいえば、棚ごとに関連商品が並べられ、さらにその棚同士でもつながりのある商品が並べられているのである。

たとえば、タオルの横には石鹸や洗面具が並べられ、さらにシャンプーやリンスが置かれている。そして、風呂から思いつく関連商品、たとえば洗濯バサミや洗濯用の洗剤などが並んでいる。

それらはふつう、風呂場の近くにあるものだ。キッチン用品でいえば、箸の横に茶碗や皿があり、洗剤やゴム手袋、まな板、包丁などが並んでいるといった具合だ。

●関連のある商品が並んでいるとつい買いたくなる

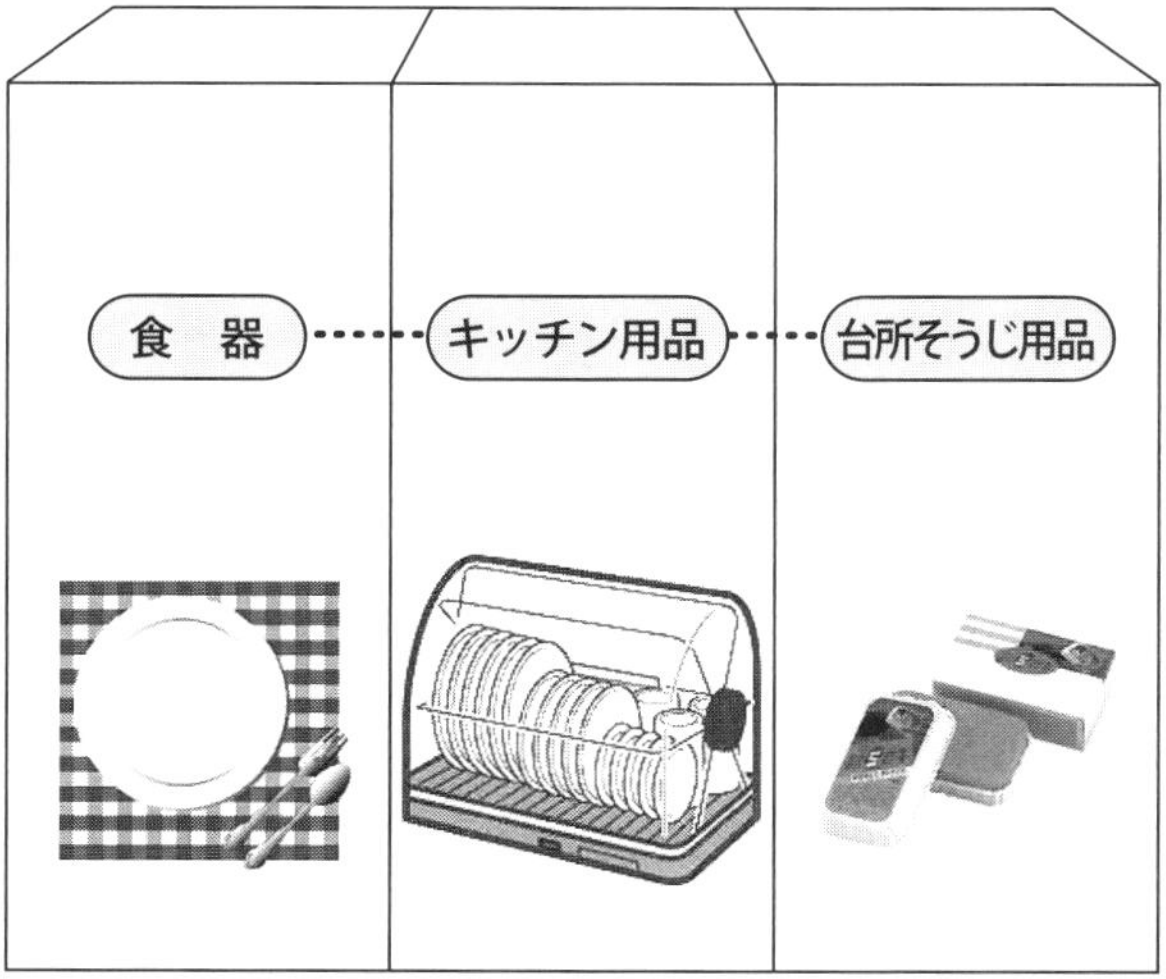

カラーバリエーションを増やすと、「色を揃えたい」という心理が働いて“ついで買い”が増える

そして、ここで大切なポイントがある。それは色を揃えるのである。

実際、100円ショップに行ってみると、多くの商品でいろいろな色を揃えていることに気づく。ブルー、グリーン、イエロー、ピンクなどが主流だが、これほど揃うと売り場も華やかに見えるし、100円の商品がとても魅力的に見えるのだ。

「色を揃えればきれいだろうな」という思いを、たった100円の出費で実現できるわけで、こうして「ついで買い」をさせられるのだ。

「照明ひとつで客足が大きく変わる」ってどこまで本当？

人間は誰でも真っ暗闇なところよりは、明るい場所にいるほうが安心するものだ。

たとえば、夜道を歩いていて、用もないのに煌々《こうこう》と明かりがついているコンビニエンスストアに吸い寄せられてしまった経験は誰にでもあるはずだ。

一般に、人間が明るいと感じる数値は約500～1000ルクスといわれている。ルクスとは「照度」のことで、光が当たる面積に対する明るさの度合いである。

ちなみに、1000ルクスは6畳の部屋で70ワット前後の蛍光灯をつけた場合に相当する。だが、照らす環境や周囲の明るさでも変わるので、同じ光量でも部屋の中と夜道では照度は異なってくる。

ここで、ホームセンターや大型電気店をちょっと思い浮かべてみてほしい。フロアの一番奥は照明器具のコーナーだったりはしないだろうか。これは、いうまでもなく照明器具を販売するのと同時に、客をフロアの奥へと導く〝役割〟があるのだ。

売り物の照明器具の明かりをすべてつけっぱなしにすることで、フロアは飛躍的に明るくなる。奥行き感も増すうえに、フロア全体の見通しもよくなり、商品がより際立って見えるのだ。

理想の店内の明るさは、入口と主要通路、そしてフロアの奥で1000ルクスは必要だという。さらに、主力商品やディスプレイステージにスポット照明が備わっていれば、客は安心して買い物ができるうえ、売り上げも伸びるというわけである。

なぜ人は「売れ筋商品」を買ってしまうのか？

いろいろな店で、「今週の売れ筋ランキング」とか「今、これが人気です」などという表示を見かけたことがあるだろう。

たとえば、書店の売れ行きランキングだが、本棚にも平台にも膨大な書籍が並んでいて、どれを買おうか迷ってしまうものだ。だからといって、1冊1冊を手に取って中身を確認するのは無理だ。そんな時にランキングが店内にあると本を選ぶ手がかりになる。

このようなランキングは、読者の利便性を考えたサービスではあるのだが、じつは消費者の「同調性」という心理に働きかけるテクニックのひとつともいえる。

政界の派閥力学ではないが、人間は少数派に属していると不安になり、多数派に属していると安心する傾向がある。そして、大勢の人が支持しているならきっと正しいという考えから多数派に同調しようとするのだ。

ランキングは多数派の意見の象徴である。そこで、「みんなが買っている＝いいモノ」に違いないと思い込み、つい自分も買わなくてはという気持ちになってしまうのである。

フリーマーケットで飛ぶように売れる「並べ方」のルールとは？

週末ごとに全国の公園や駐車場などで開催されているフリーマーケットはアマチュアが

出店するケースがほとんどだが、それでも常に人だかりがある店と商品が売れ残ってしまう店がある。果たしてその差はどこにあるのだろうか。

フリーマーケットでよく見かけるのが、割り当てられた自分のスペースにぎっしりと商品を並べている〝店〟だ。

売るほうとしてはひとつでも多く売ってしまってできれば持ち帰りたくないわけだから、持ってきた商品はとにかく片っ端から並べてしまおうというわけだ。

しかし、そういった店は商品が多すぎるので、客としては欲しい商品を探すのに苦労する。そのため、逆に購買意欲が下がってしまうことになる。

一方で、客が立ち止まりやすい店では陳列に工夫がされている。商品と商品の間にはほどよくすき間がとってあったり、シャツやジャケットなどはハンガーラックに吊り下げるなどして少しでも見やすいように並べられているのだ。

ゴチャゴチャと煩雑になっていないために商品を手に取りやすく、遠くからでもそれがどんな商品かすぐわかる。ようするに、ゆとりをもって並べられているほうが値段以上に客の目には高価に映るというわけである。

だからといって商品が少なすぎる店には客は集まらない。あまりにも少ないと「ほかの客が買わなかった売れ残り」という印象を持たれてしまうからだ。フリーマーケットといえども、ほかの人が買わない店では自分も買いたくないのである。

なぜあのお店のスタンプカードは、最初から2個押されているのか？

「1回ご利用ごとにスタンプを1つ差し上げます。全部たまったら、お好きなドリンクを1杯無料サービス！」などというスタンプカードを取り入れている店は多い。

これは、うちの店を継続的に利用すればお得ですよという、いわば客の〝囲い込み作戦〟のひとつである。

このスタンプカードも今では多くの店が採用しているので、よほどのお得感がなければあまり効果はないのだが、ちょっとした工夫で客のスタンプを集めようという気持ちを刺激する方法がある。それが〝スタンプサービスのサービス〟だ。

たとえば、A店のカードにはスタンプを押すマスが8個、B店は10個あるとしよう。ただし、B店のカードには最初から2個スタンプが押してある。さて、どちらの店のスタンプカードの利用率が高いだろうか。

正解はB店のほうである。

まだ1つもスタンプが押していないまっさらな状態のカードだと「あと8つ集めなくて

はならない」と感じるが、すでに2つ押してあると「あと8つ集めればいい」という気分になり、使ってみようかという気になるのだ。

「品揃えがよいお店ほどよく売れる」のウソとは？

品ぞろえの少ない店よりは、より多くの商品が陳列されている店のほうが、ちょっとのぞいてみようかなという気になるものだ。実際、いろいろな種類の商品がそろっている店のほうが客足は断然多い。

だが、その客足の多さが必ずしも売り上げに結びついているとは限らない。こんな興味深い実験がある。

あるスーパーマーケットに、24種類のジャムを並べた棚と、6種類だけのジャムを置いた棚をつくったところ、24種類が並ぶ棚のほうでは客の60パーセントが足を止めた。一方、6種類だけのほうは40パーセントだった。

ところが、24種類の棚から実際にジャムを購入したのはわずか3パーセントに過ぎず、6種類のほうからは30パーセントの客がジャムを購入したのだ。

つまり、多くの品ぞろえがあると客を立ち止まらせることはできるが、購入にはなかなか結びつかないということだ。逆に、選択肢が絞られているほうが迷わないぶん購入に結びつくのである。

劇的な、いまだかつてない……なぜ人は「形容詞」に弱いのか?

テレビのショッピング番組では、「劇的な」とか「信じられないほど」、「いまだかつてない」などと大げさな表現でこれでもかと商品をアピールするものだ。

そんな売り文句に、はじめこそ「そんな大げさな…」と思っていても、見ているうちにだんだんと欲しくなり、実際に購入して使ってみると「番組のプレゼンターが言っていた通りだ!」と納得してしまうことがある。

これは「プラシーボ効果」が働いているからだ。

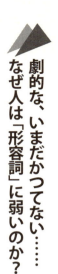

前述した通り、プラシーボ効果とは薬理効果のない偽薬を「効き目の高い薬」と偽って患者に飲ませると、本当に病状が回復するといった効果のことをいう。

マーケティングにおけるプラシーボ効果も同じように、「これさえあれば、家中が劇的にキレイになる！」というセリフを刷り込まれて購入すると、「本当に快適にキレイになった」と実感できるという効果が期待されるのだ。

ちなみに偽薬の場合は、薬を手渡すのが患者にとって信頼できる医者であればプラシーボ効果はより表れやすくなる。だから、商品の愛用者にも有名タレントが起用されることが多いのである。

薬のパッケージの色に見え隠れするメーカーの意外な戦略とは？

人の消費行動を左右するポイントとして色彩はとても重要なファクターのひとつだ。それを確かめるのにうってつけの場所が、ドラッグストアである。

たとえば、風邪薬のコーナーを眺めてみよう。すると、パッケージの多くにオレンジ色が使われていることに気づくはずだ。

風邪をひいている人はたいてい熱があったり寒気を感じるなどして体調を崩しているが、そんな人にとってオレンジ色は思わず手を伸ばしてしまう色なのである。

また、胃腸薬のパッケージには青や緑が多い。胃腸薬を求めている人というのは、お腹の調子がよくなかったり、あるいは痛みを伴ったりしていて気分がすぐれない。そんな時に、さわやかで生命感あふれる緑や青はいかにも元気にさせてくれるように見えるわけだ。

その一方で、黒はタブーとされる色である。黒は死や喪服のイメージすら連想させるからだ。ところが、そんな黒をあえてパッケージに使用している薬がある。それは、日本全国で1000万人以上が悩まされているといわれる「水虫」の薬だ。

水虫や痔といったデリケートな病気はできれば他人に知られたくないものである。つまり、水虫や痔の薬を薬局で買うにはそれなりのハードルを越えなくてはならないのだ。そこで使われる色が黒なのだ。

黒には高級、高品質といった威厳を感じさせる効果があり、効き目もよさそうにみえる。ゴールドも同様で、それらの色をパッケージに使うことで、客はあたかもブランド品を買うように堂々と水虫薬を手にすることができるというわけだ。

エレベーター嬢が独特のトーンでしゃべる本当の理由とは？

エレベーター嬢といえば、かつてはデパートの花形職業だったが、今ではほとんど見かけなくなってしまったようだ。

今さらながら思うと、エレベーターごとに利用階のボタンを押してくれる専門の女性が乗っていたなんて優雅な気もするが、当時は、百貨店という場所の高級感を醸し出すために考えられた贅沢な演出だったといえる。

しかし、エレベーター嬢は、ただ高級感を演出する存在だったわけではなく、人間の心理を利用した巧妙な販売戦略の一役を担っていた。

たとえば、彼女たちの声には独特のトーンと抑揚があった。ふだんの話し声よりも高いトーンで、「上に参りまあ〜す」「おあと、ご利用階はございませんでしょうかあ〜？」と、語尾は長く上へ伸びる。

声が与える印象は昔から研究されていて、低い声は安心感や信頼感を、高い声は注意を喚起するといわれている。なかでも高い声は、ざわつくエレベーター内で注目を集める効果を狙ったものであることはいうまでもない。

また、高い声には人の気持ちを高揚させ、購買意欲をあおる効果があるともいわれている。たしかに低く落ち着いた声は心地いいが、同時にゆったりと考える時間も与えてしまう。一方の、高い声は元気で活気があり、それにつられてついノリで買ってしまうことがあるのだ。

余談だが、コンパニオン業界でも顧客の購買意欲をそそらなければならない時は、いつもよりハイトーンで話すように教育されているという。語尾が上へ長く伸びるのは、客に対するへりくだった表現らしく、客を立てることで気持ちよくなってもらい、ついでに財布のヒモを緩めてやろうという作戦なのだ。

高い声、そして語尾が長く上へ伸びる声を聞いたら、必要以上に乗せられないよう注意したいものだ。

つい中に入りたくなる店の「暖簾」はどこが違う？

包み隠さず丸見えにされるよりも、チラッと少しだけ見せられるほうがかえってドキドキする…というのは、けっして男の下心だけの話ではない。

そんなもののひとつに、暖簾がある。

暖簾というのは店によっては、その店の伝統や格式を表すものであり、「暖簾わけ」という言葉もあるように、いわばステイタスの象徴だ。暖簾には伝統に裏打ちされた格式が込められているのである。

しかし、それだけではない。暖簾は、その構造上、店の中を隠している。といっても、完全に〝目隠し〟をしているわけではない。

ちょっと風に揺れれば店内が少しだけ見える。風が吹かなくても、暖簾の隙間からわずかに店の中が見えるのだ。

これぞ、まさにチラリズムの〝罠〟である。当然、「もっと見てみたい」という願望がかきたてられる。「ああ、見たい。ならば、いっそのこと入ってしまおう」というわけで、人は暖簾をくぐるわけである。

暖簾は、そんな人間心理をうまく刺激しているものなのだ。

《COLUMN》

入り口は「左側」、店内は「右回り」が売れる店の鉄則!?

店の中に入ると客はあちこちの売り場を見て歩くことになるが、この時の、フロアの中での客の移動経路を「買い物動線」と呼ぶ。

この動線のパターンはいくつかあるのだが、フロア全体をくまなく見てもらうために店ではこの動線（＝通路）の配置にも気を配っているのだ。

たいていは右回りか左回りのどちらかになるが、売り場は右回り（時計回り）になっていることが多い。

じつは、右利きの人は左回り（反時計回り）のほうが移動しやすいのだという。また、人間は左側にある心臓を守るために、本能的に左を内に、右を外にした左回りで行動しがちだともいわれている。

にもかかわらず、どうしてそれに反するような右回りの配置をするのかというと、じつはこれこそ、人間心理の真逆を突いたテクニックなのだ。

動きやすい左回りでは、客はスイスイと移動してしまい、じっくりと商品を見てもらえない。これでは売り上げにつながらないので、あえて動きにくい右回りを選んでいるのである。

そして、右回りの動線に導きやすいように店舗の入口は左側にあることが多い。客の動きはみごとにコントロールされているのである。

Step
4

「売れる商品」は人間心理のツボをおさえている！

消費者の満足感を演出する「フレーミング効果」って何？

テレビショッピングを見ていると、よく「今なら同じお値段で商品をもう1個おつけします」というフレーズを耳にする。「同じものを2個持っていてもしかたない」と思う人もいるかもしれないが、こういう売り方が多いのは現実によく売れるからなのだ。

ここには、売る側の巧みな「お得感」の演出がある。

たとえば、「ハンバーガーの半額セール」と、「ハンバーガー1個の値段で2個セール」をやったとする。売り上げが伸びるのは間違いなく後者だ。

理屈で考えれば、ハンバーガー1個の値段はどちらも同じである。しかし、それを買う側が受ける印象で考えてみると、半額のハンバーガーよりも、いつもと同じ値段で2個のハンバーガーを食べられるというほうが不思議とお得感を得られるのだ。

表現のしかたをちょっと工夫するだけで、「買わなきゃ損」と思わせる巧みなやり方なのだが、じつは身の回りのいろいろな場面でも使われている。

たとえば、「使用者の10人にひとりがクレームをつけてくる」という商品でも、「お客様

●同じ値段や内容でも表現方法が違えばお得感が変わる

満足度90パーセント」といえば、多くの人が認めているような気になる。

同じように、スーパーの店頭でステーキ肉が「赤身80％」と書かれているのは、「脂身20％」と書くよりもおいしそうに見えるからである。

このように、同じ事実であってもどう表現するかで消費者の評価が上下することを「フレーミング効果」という。言葉は魔物というが、使い方ひとつで消費者の購買意欲を大きく左右してしまうのである。

高くてもどんどん売れる飛行機の座席の共通点とは？

通勤電車の座席や飛行機のエコノミークラスの一般席は、隣の人と肩がぶつかりそうなくらい窮屈なものだが、これがグリーン車やファーストクラスなどの〝特別席〟となると、快適さの度合いがまったく違ってくる。

人間にはテリトリー意識があり、親しくない人間とはあまり接近したがらない。この他人との快・不快を測る距離を「パーソナルスペース」というのだが、特別席はそのパーソナルスペースを考慮に入れた設計になっているのだ。

たとえば、料金設定や座面はエコノミークラスとほとんど違わないものの、肘掛けが格段に広いシートを用意している航空会社がある。

これならば、隣の人に気兼ねして肘掛けが使えないなどという窮屈な思いをしなくてすむ。それだけでも心理的にはストレスが軽減され、リラックスできるのだ。

映画館で、隣席との間にサイドテーブルがあるシートだと落ち着けるのも同じ理由である。

空間に限りがある乗り物や映画館では十分なスペースはとれないものの、この肘掛けを含めた数センチが大きくモノをいうのである。

特に、日本人は他人との接近を好まない性質があるといわれているため、お金で解決できるものならストレスを感じないほうを選ぶというわけである。

どうしてディーラーの試乗車は「フル装備」なのか？

たとえば、レストランでコース料理を頼んだとしよう。メニュー通りに運ばれてくる料理を食べていると、頼んだ覚えのないものがテーブルに置かれた。「あれ、こんなのコース料理に入っていたかな？」と迷ったが、店員が持ってきたのだから間違いないのだろうと食べることにした。

ところが、すぐに店員が戻ってきて、「失礼しました、これは別のお客様のものでした」とそれを持ち去ってしまった。こんな時に味わう失望感は、かなり大きい。

もともとコース料理に入ってないのだから、残念がる必要はないはずなのに、一度自分のものになりかけたものを失うと損をした気分になるのである。

この場面で働いているのは、人間の「現状維持」の感覚である。一度でも自分が手に入れたものは、もう「自分のもの」として認識してしまい、そこに価値を見出してしまう。だから、結局それが手に入らなければ大きな喪失感を味わうことになるのだ。

ところで、ビジネスにもこの心理を応用することができる。

たとえば車の試乗だ。車のディーラーで準備されている試乗車は多くの場合、フル装備車だ。そして、それを試乗した人は、フル装備を当たり前の状態として受け止める。

つまり、フル装備車がその車種の「現状」となり、その客にとってのいわば「基準」となるわけだ。

逆に、そこから装備をひとつずつ落としていくのは、当然のことながら大きな喪失感を伴うことになる。結果的になるべくフル装備車か、それに近いものを買う（買わされる）ことになるのだ。

売る側としては、なるべく価格の高い状態を「現状」として客に見せることが重要なのだ。試乗車には、そんな秘密が潜んでいるのである。

なぜ家電製品には必要のない新機能がどんどん搭載される？

携帯電話やスマホ、ＤＶＤレコーダーなど最新型の家電を買っても、その機能のすべてを使いこなしている人は少ない。なかには、およそ一般のユーザーには必要がないような機能が付いていることもあり、かえって使いづらさを訴える人もいる。最近は新機種が出るたびに、一度も触れることのないようなボタンが増えていくばかりだ。

たとえば、携帯電話のテレビ電話機能にしても、最初は面白がって試してみたものの、日常的に使っている人は果たしてどれほどいるのだろうか。実際、「必要のない機能はなくして、安くて使いやすい商品をつくってほしい」というのが消費者の正直な感覚ではないだろうか。

もちろん、シンプルな機能に的をしぼった商品をつくることはメーカーにとっては無理な注文ではないが、そういった商品が店頭に並ぶことはあまりない。そこには、メーカー側にある〝思惑〟があるからだ。

じつは、新しい機能を追加するには消費者が考えるほど開発コストはかかっていない。新機能を追加するためにかかる研究費のほとんどは、メーカーにとっては固定費扱いなので、新たな費用はあまり発生しないのだ。

そのため、メーカーではすでに店頭に並んでいるものと同じ機能の家電を量産し続けることはしない。結局売れ残って不良在庫として抱えてしまうなら、新しい機能をプラスして、新しい機能に興味を示す新規ユーザーにアプローチしていこう、と考えるのだ。

つまり新しい機能は、ユーザービリティーの向上というよりは販促材料としての色が濃いのである。

買わないのはわかっていても なぜ「高額福袋」を用意する？

毎年、正月になると必ずといっていいほど話題にのぼるのが福袋だ。大手デパートの福袋商戦の様子を伝えるニュースは、ちょっとした風物詩にもなっているくらいである。

それに加えて、毎年必ず注目を集めるのが「いったい誰が買うのだろう?」という高価な福袋だ。数千万円、なかには1億円というような福袋を売り出すデパートもある。

どうせ誰も買わないだろうから売るだけムダだと思うだろうが、じつはそうではない。超高価な福袋にも、ちゃんとした目的があるのだ。何といっても話題づくりにはもってこいなのである。

実際、「自動車1台の福袋」「1億円のダイヤの入った福袋」などの福袋は必ずマスコミに取り上げられる。買わないとわかっていても、つい「ちょっと見にいこうか」と出かけて、そのついでに買うはずのなかった他の福袋を買ってしまう人もいるのだ。そういう意味では、宣伝効果は抜群なのである。

しかし、それだけではない。高価な福袋にはもうひとつ重要な役目がある。それは、その売り場にいる客の金銭感覚を麻痺させるということだ。

福袋といえば、だいたい5000円から1万円あたりが相場だろう。5万円、10万円という福袋もあるが、そうなるとさすがに「高い」という感じがして手が出ない。

しかし、もしも目の前に「1億円の福袋」があったらどうだろう。「1億円の福袋は1億円以上のものが入っているはずだから、5000円の福袋より5万円のほうがずっと得だ」と思ってしまうのだ。

自分が決めていた「いくらまでなら出そう」という枠組みが簡単に外されてしまうのである。

完売、売約済み……チラシに踊る決まり文句のウラ事情とは？

新築の住宅やマンションのチラシには、よく「完売」の2文字が躍っている。これを見ると、住宅購入を考えている人はなぜか遅れをとったような気分になってしまうものだ。

ただし、「完売」「売約済み」は鵜呑みにしてはいけない。戸数の多いマンションだと、たいてい何回かに分けて売り出されるため、1期目が完売ということもあるからだ。

また、販売目標を70パーセントくらいに設定しているケースも多く、目標が達成できた時点で「完売」と表示する場合もあったりする。

しかし、一般の消費者はこのカラクリを知らないので、完売したと聞くと勝手に焦ってしまい、「急がなくては売り切れてしまう」という思いに駆られてしまうのだ。「限定生産」「残り○個」「本日限り」などと限定されると、何としても手に入れたくなってしまう心理も同じである。

特に以前から買おうかどうか迷っていた場合には、これらのフレーズは絶大な効果を発揮するのである。「この機会を逃したら手に入れられないかもしれない」「先に買われてしまうかもしれない」という危機感は、その人の冷静な判断力を失わせてしまうのだ。

とはいえ、住宅はけっして安い買い物ではない。「完売」や「売約済み」に躍らされず、じっくりと見極めたいものである。

スーパーの食肉売り場の肉がやけにおいしそうなのは？

新築マンションのモデルルームなどを見学に行くと、キッチンの照明は必ずといっていいほど赤っぽい。レストランなどにもこの赤色の照明が使われている店が多いのをご存じだろうか。

そしてもうひとつ、必ずといっていいほど赤みがかった照明が使われている場所がある。スーパーの食肉売り場だ。もちろんこれには理由がある。赤は最も人間の食欲をそそる色だからである。

自然界を見回してみれば、その理由がわかる。イチゴやリンゴなどの果実は赤くなることが完熟した合図であり、食べ頃のサインでもある。

赤は本来、火＝熱、つまりエネルギーを暗示する色であり、人間にとっては大きなプラスとなる状態を表す。そんな理由から、人間は「赤」に対して自分の生命力を増進させてくれる力を感じるわけで、赤っぽく見えることが食べることと結びつくのだ。

特に、肉についてはその傾向が強く、赤みがかった肉は、まだ新鮮で栄養価にあふれていることを示す。見た人が「食べたい」と思う色なのだ。だから、食肉売り場には赤い照明が使われているというわけだ。

ついつい引き寄せられるパチンコ店の心理作戦とは？

お金がない時に限ってなぜか足を向けたくなる場所がある。パチンコ店だ。

なけなしの2000円が倍になれば、いや、一度大当たりすれば3万～4万円くらいになるかも…とワラにもすがる思いで台の前に座ってしまい、結局スッカラカンになってしまうのである。

しかし、それでもパチンコで儲けようと考える人は、たいがい数万円単位の「勝ち」を過去に何回か経験していることが多い。たしかに最近のパチンコは大当たりすれば3万～4万円程度の金額が見込めるが、その当たりを出すまでには相当の軍資金をつぎ込まなければならない。

そんなことはわかっていても、時には1000円で当たるという運に恵まれたりすることもあるので、それほど軍資金を投下しなくても当たるのではないかと考えてしまうのだ。

これを説明するのに、チンパンジーを使ったこんな実験結果もある。

2匹のチンパンジーにレバーを引くと餌が出るという装置を用意するのだが、片方の装置はレバーを引くたびに餌が出て、もう一方はレバーを引いても時々しか餌が出てこないようにした。

これをそれぞれのチンパンジーに与え、しばらくして装置の使い方を覚えた頃にレバーを引いても餌が出ないようにした。

すると、常時餌が出ていた装置を使っていたチンパンジーは、諦めたのかそのうちにレバーを引かなくなるが、たまにしか餌が出なかった装置を使っていたチンパンジーは執拗にいつまでもレバーを引き続けたのだ。

これは、〝たまに〟与えられる餌につられた行動で、人間もたまに与えられる報酬に快感を覚えて、ギャンブルがやめられなくなってしまうというのだ。これを「間歇《かんけつ》強化の法則」という。

たまのチャンスに対して期待を膨らませること自体はけっして悪いことではないが、思い通りにならないとそれだけ金銭的な損害も大きくなることを忘れないようにしたい。

お店の「メニュー」はお客の目線を意識しているって本当？

居酒屋でもファミリーレストランでもいいので、メニューを開いた時に自分の目の動きを意識してみてほしい。広げたメニューの上を「Z」の文字の形をたどるように視線が動いていてはいないだろうか。

じつは、これは人間の習性である。視線はふつう、左上から右上、そして左下から右下という流れで動いていく。だから書籍や雑誌などの出版物でも、一番目立つ写真や読ませたい記事は左ページの上に載せることが多い。ページを開くと、まずそこに目がいくからだ。

メニューも、じつはこれを利用している。たいていは左に開くつくりになっているのは、開いた時に自然に左上に目がいくようにするためだ。

意識して見てみると、左上のスペースにその店のオススメ料理、言い換えればその店が最もオーダーしてほしいと期待しているメニューが大きく紹介されている。もちろん写真なども豪華で目立つようにレイアウトされている。

●オススメ商品は一番目立つ位置に配置されている
（売りたい商品）

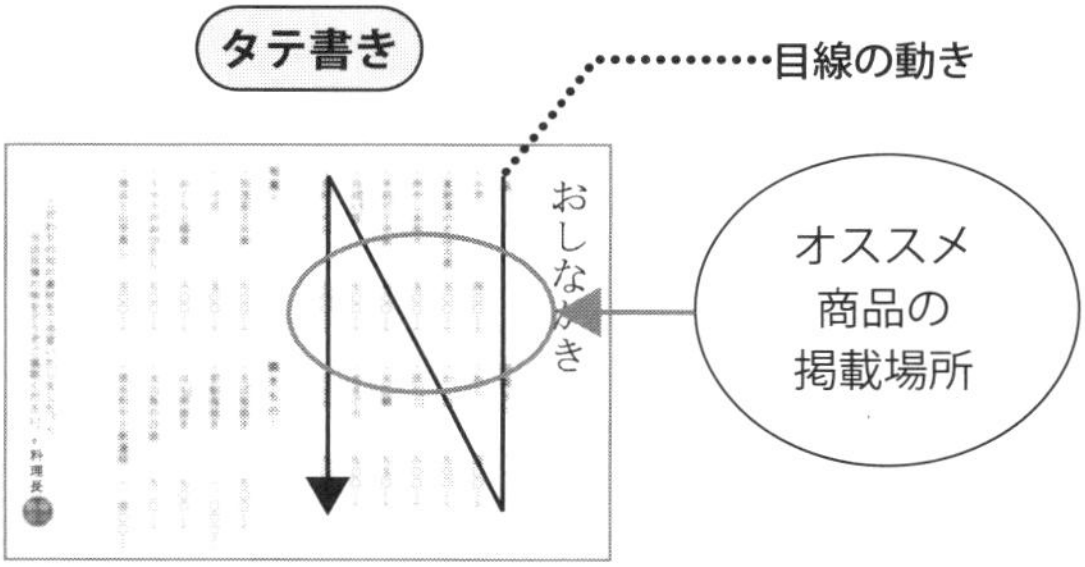

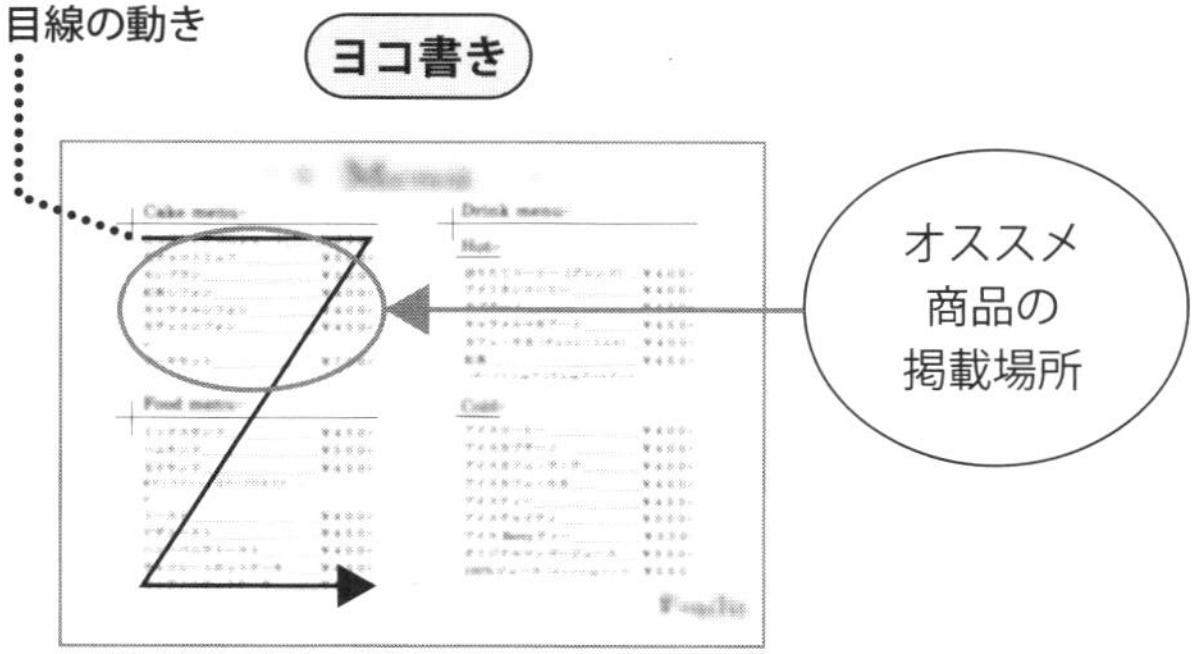

見方を変えれば、こういうこともいえる。メニューというのは、その店が準備しているものすべてを均等に紹介して、客に自由に選んでもらうことが目的ではないということだ。客に最も注文してほしい料理を意図的に目立つ位置に配置して、それがより多く注文されるように仕向けているのである。

「小出し」にされるとなぜ人は高くても買ってしまうのか？

こんな話がある。美術の好きな人が書店で「ルネサンス期」の画家を集めた5巻の美術全集を見かけた。値段は3万円である。手頃な値段だし、好きな画家の作品が数多く収録されているので思い切ってその場で注文した。

数日後、その美術全集5巻の入った箱が届いた。中にはパンフレットが入っていて、「今なら残り20巻が15万円！」とある。ルネサンス期の画家を収録した5巻以外にも「印象派」「現代美術」などを扱った巻があり、それら20巻が15万円だというのだ。

結局、美術好きなその人は、15万円を出して全巻を手に入れたのだが、じつは、ここには売り手の巧妙な心理作戦が隠されている。

よく考えてみれば、この美術全集は25巻で18万円ということになる。しかし、もし本屋で25巻18万円の全集を見ても「高いな」と思って買うのをためらってしまうだろう。ところが、本屋に並んでいたのは5冊だけ、しかも3万円である。これなら「買ってもいい」と考える人は多いはずだ。そして、それを購入したところで残りを見せられるのだ。値段の高いものを売ろうとしてなかなかうまくいかない場合は、小出しにする。これは消費者の購買意欲を逆手にとった巧妙な方法なのだ。

なぜかダマされる「コール&レスポンス」のコワい仕組みとは?

ロックのライブなどでアーティストが「イエーイ!」と言えば、ファンが「イエーイ!」と返すのを「コール&レスポンス」という。ファンとアーティストとの掛け合いだが、このコール&レスポンスが悪用されているのが催眠商法だ。

セミナーという名を借りて人を集め、コール&レスポンスをしながら無料の試供品を配って会場全体を興奮状態にしたところで、集団心理を利用して高額商品を買わせてしまうのである。

試供品を配って盛り上がるまでは、客にはいっさい負担はかからない。そこですんなり「終了」を告げるのだが、客はもうその場の雰囲気が楽しくなって、さながらアンコールを待つファンのような状態になっている。催眠商法の本番は、ここから始まるのだ。

「今日のお客さんはとてもいい方ばかりだから、特別に用意した商品を紹介しちゃいます」などと叫び、まずは「これ500円で買う人〜！」と声をかける。当然、まばらな反応である。

それを確かめたうえで、すかさず囁くのが「お金の話になるとやはり人間の本質が見えますね」という殺し文句だ。

手を挙げなかった客にはそのひと言がチクリと胸に刺さり、手を挙げた数人の客にはこのうえない優越感を与えるのが目的である。

そして会場が神妙な雰囲気になったところで、いよいよ高額商品を持ち出してくる。

「今、説明を聞いて、本当にいいものだと思った人〜！」で「はーい」と手を挙げさせて、さらに「本気でそう思いましたか？」「思いました！」と続き、「今日、手付金を払ってもいいという本気の方はいますか？」とたたみかける。

人は、〝自分はほかの人とは違うんだ〟という特別な意識を持つことに満足する気持ちがどこかにある。そこで、集団の中でそれを自発的に望ませるように仕向け、熱狂する中で冷静な判断を失わせてしまうのだ。

高級ブランドのレンタルサービスはなぜ女性のココロをつかんだのか？

ヴィトン、シャネル、エルメス、プラダ…。いつの時代でも、ブランド品は女性の心をつかんで離さない。とはいえ、ブランドものは数万～数十万円以上もするシロモノだ。

そこで、そんな女性の心をつかんで人気なのが、高級ブランドのレンタルサービスである。本来なら数十万円もする商品が1週間数千円でレンタルできてしまうのだからたしかにお得だ。

しかし、ブランド品はなくても困らないものである。それなのに、なぜそこまでブランドにこだわってしまうのだろうか。

じつは、彼女たちは「顕示的消費」という行動に突き動かされているのである。この言葉を生み出した経済学者ソースティン・ヴェブレンによれば、上流階級の人々は生活に必要だからという理由ではなく、その地位や財力を誇示するために消費するのだという。

心の奥底にある「見栄をはりたい」「見せびらかしたい」という気持ちが、ブランド品を持つという顕示的消費につながっているのだ。

しかも、人は外見や肩書きで他人を評価しがちになる。この心理を「ハロー効果」というのだが、ブランド品を身につけていれば「おしゃれ」「リッチ」などという評価が得られ、そのことでも自己満足度はアップするのである。

商品の置かれた位置によって売れ行きはどう変わる？

同じような服を売っているブティックでも、いつまでも眺めていたい店や実際に買いたくなる店と、購買意欲をかき立てられない店がある。似たような商品でも、魅力的に見えたり、つまらないものに見えたりするのはなぜなのだろうか。

大きなカギを握るのは、ディスプレイだ。

といっても、発想は単純なものである。人間は高い位置にあるものを高価で立派なものに感じ、低い位置にあるものを安っぽく感じる。だから、高価な服は客の目の高さよりもやや上に飾るようにすると、ただでさえ高価で上等な服がますますいいものに見えるのだ。

高価なものこそ、高く、目立つ位置に飾ることで「こんないいものを身につけてみたい」という客の心理を刺激するわけだ。

人間関係でも、自分よりも身長の高い相手に対しては何となく偉そうに見えたり立派に見えたりするものだ。逆に、自分の上司など地位が上の人であっても、身長が低い人に対してはあまり威圧感を感じなかったりする。

ブティックの商品も同じように、見上げることでさらに大きな魅力を感じさせて、つい財布のひもを緩めさせてしまうわけだ。

しかも、あまり小さくちまちまとたたんでしまうとその商品が貧弱に見えてしまうので、なるべく大きく見えるようにたたんで、広いスペースを使うように陳列すると、その店がいかにその商品を大事に扱っているかが客にも伝わるのだ。

化粧品を買いにいくと、やけに多めにサンプルをくれるのは？

デパートの1階にある売り場に足を運ぶと、きれいにメイクした販売員が愛想よく対応してくれる。おまけにクリームをたったひとつ買っただけでも「こちらもお試しくださいと、化粧水やパック、美溶液などのサンプルをどっさりと持たせてもらえたりする。

客としては、このようなサービスを受けると特別扱いされているような気がしてうれしくなるものだが、じつはそこには「うれしい」という気持ち以上に「返報性の原理」という心理が働いている。この返報性の原理というのは、他者から施しを受けたら返さなければならないと思うことだ。

化粧品のサンプルの場合は、客は自分が支払った対価よりも多くのものをもらったのだから、お返しに今後もあの店に行かなくてはならないという気持ちになる。

一方の店側にとっては、サンプル商品で客に小さな〝貸し〟をつくっておくことで、リピートして商品を買ってもらうという大きな見返りが期待できるというわけだ。

「無料サンプルを試してからでないと、商品をお売りできません」などとうたっている通販商品も、一見、自社製品への自信をアピールしているように見えてこの人間心理を人知れず利用しているのである。

口には出さず客の行動に制限をかけるスタッフの㊙ワザとは？

下町の定食屋へ行く時と、ビジネス街にある三ツ星レストランに入る時では、服装から言葉使いまで変わってしまうものである。定食屋ならどんな格好でもいいかもしれないが、三ツ星レストランとなるとそれにふさわしい装いをしなければならないと思うのが自然だろう。

じつは、これは「ピグマリオン効果」というキーワードで説明がつく。

子供の頃、親や先生に「あなたはやればできる子」といわれた経験はないだろうか。ピグマリオン効果とは、人は期待された通りに成果を出す傾向があるという教育心理学における心理的行動のひとつなのである。

この「ピグマリオン」とは、ギリシャ神話に出てくる神の名前で、彼は自分で彫りあげた理想の女性の彫像に恋をしてしまうのだが、その切ない思いを見かねた別の神によって彫像が人間化され、めでたく結婚したという逸話がある。期待すれば、相手もそれに応えようとするというこの逸話がピグマリオン効果の名前の由来となっているのだ。

そこで、この心理的行動を応用したものが、かの有名なリッツカールトンホテルのスタッフ教育である。

最高のサービスで知られるこのホテルでは、スタッフは貴族に対するような振る舞いを客にするように教育されている。そうすることによって客がそれに応えようとして品のある行動をとろうとする効果をつくり出しているのだ。

相手に「こうなってほしい」と願うなら、その人に自分が期待していることがわかるような行動をとればいいのである。

《COLUMN》

実演販売のプロが実践する 駆け引きの妙技とは？

デパートやスーパーでは、鍋や包丁などさまざまな種類の商品の実演販売をしているが、短時間で商品を売るポイントは、販売員の〝トーク力〟にかかっている。そこには、客を「買いたい」という方向へ作為的にコントロールしていくポイントが詰まっているのだ。

まず、第一に客を笑わせること。いったん笑いをとってしまえば客は立ち去りにくくなるが、かといって笑わせすぎてもいけない。客は面白いだけで満足してしまい、逆に商品が売れなくなってしまうからだ。

また、「確認話法」を使っていることも多い。これは実演をするたびに、客に「これって〜でしょう？」と確認をとっていくやり方だ。

客はそれに反応してうなずいているうちに、しだいに「この商品は素晴らしいものだ」という気持ちにさせられてしまうのである。そして、商品の説明がひと通り終わったら、「さあ、買ってください」と勧めるのではなく、判断を客に委ねてしまうところもミソだ。

あるベテラン販売員によれば、人間は51パーセント買う気になれば商品を買ってくれるという。そして、ひとりが買ってしまえば、あとは勝手に群集心理が働いてほかの人たちも買いだすというわけである。

実演販売は、こうした心理作戦を駆使した販売のプロならではの妙技だったのである。

Step
5

人間心理から「経済」の裏のウラ側を読む！

「効果がなければ返金いたします」はどの程度のアピールになる？

「効果が実感できなければ代金をご返金いたします」と大々的にうたっている商品は、化粧品やダイエット食品などに多い。

そんなことをしたら、全部使ってから「効果が感じられなかった」と返金を要求する人が増えるのではないかと心配になってしまうが、メーカー側にしてみればこれは商品への自信をアピールする方法のひとつなのである。

さらに、メーカーは全額返金をうたうことで、ある一定の層を取り込もうとしている。それは〝無党派層〟の消費者だ。

たとえば肌に悩みを抱えている人は、新しい商品が出ると試してみたくなるものだ。自分の肌に合った運命の化粧品との出会いを求めて日々さまよっているのだが、こういう消費行動をする人はけっこう多い。

つまり、「これ」と決まったお気に入りを持たない人に対して、敷居を低くすることでまずは試してもらおうという作戦なのだ。

●消費者に対して何をアピールしている？

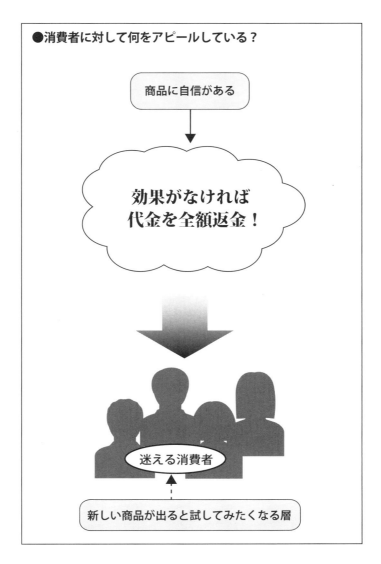

日本人がいまだに「株式投資」をしたがらない心理的根拠とは？

デイトレーダーは、1日に何度も株を売り買いし、成功すれば1日で何千万円と儲けられる可能性がある仕事だ。

しかも、株に関する高い知識が必要でありながらも、自宅のパソコンに向かうだけで莫大な利益をあげる〝カリスマ・デイトレーダー〟の出現もあって、初心者向けのノウハウ本が氾濫するなど一時ちょっとしたブームになったこともある。

ブームになったということは、裏を返せば、ふだんは株についての関心はそれほど高くないということでもある。実際、日本は欧米より、株式投資をしている人の割合が圧倒的に少ない。

その理由は、日本人が「利益を上げることよりも、不利益を被ることのリスクを重要視する」からだといわれている。

たしかに、なんだかんだといっても株はギャンブル的要素が大きい。いくらマーケットの動向を研究しても、100パーセント儲かる保証などどこにもない。ほぼ間違いなく1

００万円を得られる見込みがあっても、１００万円を損する可能性はゼロにはならない。

１００万円の利益を手にした満足感と、１００万円の損失を出した時の失望感を天秤にかけた場合、後者のほうを重視してしまうのだ。

こうした心の動きは「プロスペクト理論」と呼ばれ、心理学的にも解明されている。リスクを伴う決定がどんなふうに行われるのかについての理論で、誰もが持っている心理的傾向なのだ。

気温が1度変わると、ビールの売り上げはどう変わる？

「1度の経済効果」を知っているだろうか。気温が1度上がるか下がるかすることで、売り上げが大きく変化する商品があるのだ。

その代表的なもののひとつがビールである。一般に、気温が22度になると売れ行きが急に上昇し始めるといわれている。それが24度になると、さらに上向きになる。そして28度を過ぎると、1度上昇するたびに、大瓶にして１００万本ずつアップするというのである。

じつは、ビールの売れ行きを左右するのは気温だけではない。天候も関係している。

たとえば、同じ33度の気温でも、晴れの日のビールの売り上げを100とすれば、曇りの日は90、雨だと80くらいになる。100と80という数字を並べても、あまり大差ないように思えるが、これを本数に換算すると、数百万本もの違いになるのである。

ちなみに、これらの統計は、だいたい夕方5時以降の気温を比較しており、真っ昼間というわけではない。つまり、ひと仕事終えて「さあ、ビールでも飲むか」という気分になる時の気温による統計なのである。

興味深いことに、気温35度を超えると、逆にビールの売り上げは減少していく。つまり、あまり暑すぎると、人はビールさえも飲みたくなくなるというわけだ。

きまってテスト販売のエリアに選ばれる静岡と広島の県民事情とは？

静岡県と広島県。隣り合っているわけでもないこの2つの県には、じつはある共通点があるのをご存じだろうか。

企業が新商品を販売する時には、全国販売に先駆けてまずは特定の地域で販売を行い、その売れ行きをテストすることがある。社運がかかった新商品など、事業のプロジェクトが大きくなればなるほどこういったことは慎重に行われるが、そのテスト販売がよく行われることで知られるのが静岡県と広島県なのだ。マクドナルドのメニューの中にも、広島の店舗で先行して登場したということがあるほどだ。

気になるのはなぜこの2つの県が選ばれるのかという理由だが、「新しいモノを受け入れ、それに対してアクティブに行動する」という両県の県民性が新商品テストにピッタリだからなのだ。

自動車や楽器などの世界的な企業が立ち並ぶ静岡県は、古くから産業を中心に発展してきた。関東と関西を結ぶ東海道で多くの宿場町を抱えた静岡県は古くから多くの人とモノが行き交い、そこに暮らしてきた人々には自然と新しい文化を取り入れる下地ができているのだ。

一方の広島県人は、海外への移住者数が全国でも常に一、二を争うというほど新しい文化や価値に対しての抵抗がなく、フットワークがよく行動力もあるとされている。

そういった県民性に、年齢構成や物価、所得などが全国平均に近いという条件が重なって選ばれたのが静岡県と広島県というわけだ。

県民性を侮ってはいけない。新商品として全国展開されるか、テスト販売だけで終わってしまうかは、東京や大阪といった大都市ではなく、じつはこの2県でいかに支持されるかにかかっているのである。

「無料でお試しキャンペーン」は実際、なにを狙っている？

今や商品の機能や価格よりも、サービスに力を置いて勝負しようというのが流通業界だ。なかには、生鮮食品やベッドのマットレスでも満足できなかったら返品可能というサービスを実施している店も少なくない。

だが、このような返品サービスが店に多大なリスクをもたらしたという話はあまり聞いたことがない。それは、すでに触れたように消費者の「保有効果」が働いているからだ。

保有効果とは、人は一度手にしたものを手放したくないと思う気持ちが起こることをいう。たとえば、拾ってきた子犬の里親が見つかるまで面倒を見ていると、いざ里親に譲る時になると手放したくないと思ってしまう。動物には情が移るということもあるが、モノに対しても同じような感情は起こるのだ。

テレビの有料放送のチューナーを一定期間無料で貸出するキャンペーンなどでも、一度チューナーを保有してしまうと手放したくなくなってしまうのと同じことなのだ。

結局、多くの人が有料の会員になってしまうのも保有効果のせいなのである。

●一度手にすると手放したくなくなる「保有効果」

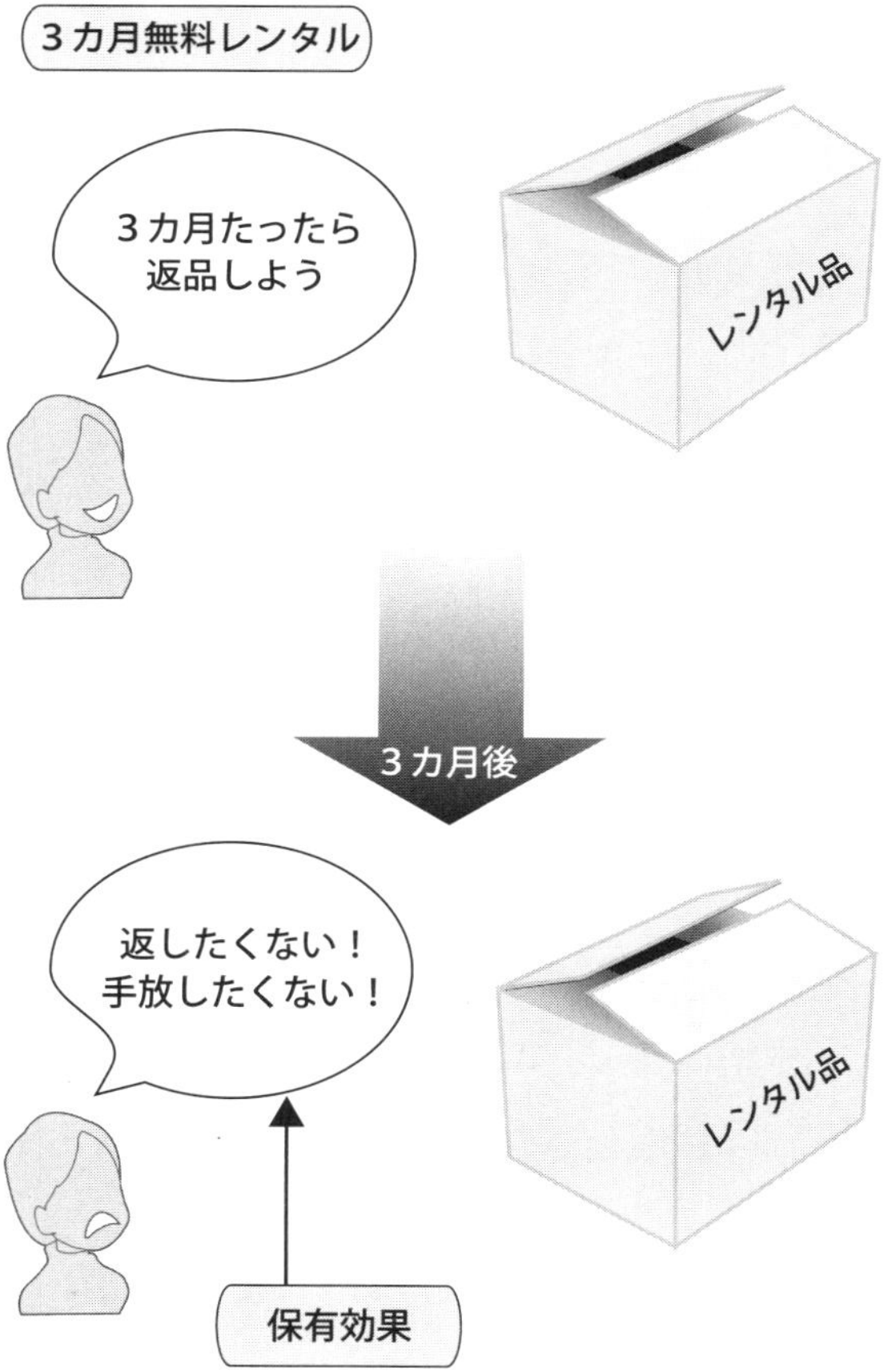

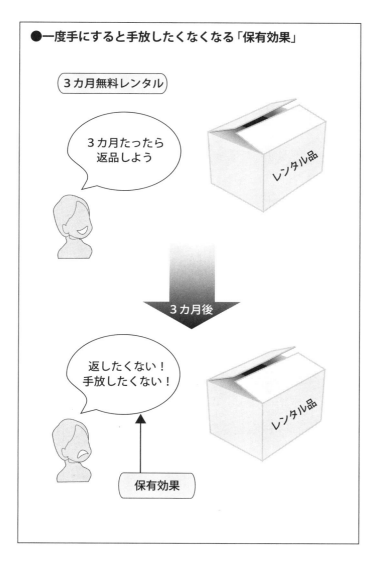

カスタマーサービス、ヘルプデスク……カタカナ言葉の心理効果とは？

カタカナ職業というと、以前ならデザイナーやプランナー、コピーライター、ディレクターなど、ファッション業界やマスコミ関係の専売特許というイメージだったが、最近はそうでもないようだ。

求人広告を見てみると、「コンサルタント」や「カスタマーサービス」、「ヘルプデスク」など、とにかくカタカナで表記された職種が多い。一見、何をする仕事なのかわからないこともしばしばだが、カタカナ表記はじつはそこが狙いだったりするのだ。

カタカナで書いてあると、「営業」や「事務」などのような従来の職種に比べて新しい職業というイメージを与える。響きがよく、堅苦しさや3K（危険・汚い・キツい）のイメージも払拭されるので、漢字の求人広告を出すよりも応募者数が断然違ってくるのだ。

会社側からすれば同じ広告料を払うのだから、1回の広告でより多くの人が集まるほうがお得というわけだ。

しかし、世の中にはそう次々に新しい職業が生まれているわけではない。仕事の内容をよく読んでみると、コンサルタントは「営業」で、カスタマーサービスは「お客さま対応係」、ヘルプデスクは「電話対応係」だということがわかる。

やたらとカタカナばかりを使った広告やチラシもあるが、そういうものに限ってどこか怪しげな会社や商品だったりすることがあるので注意したいものだ。

「雨の日こそ特売したほうがいい」といわれるのは？

多くの商売にとって雨は大敵だ。特にスーパーマーケットの場合は、雨が降ると客足が遠のく。そこで店が考えるのは、雨の日の特売だ。

客が少ない雨の日に特売をしたら、ますます売り上げが減るという考え方もあるが、長い目で見れば店のイメージアップにつながり、かえって信頼を高め、固定客を増やす大きな原動力になるのだ。

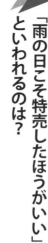

客の立場になって考えてみると、それがよくわかる。

雨の中を出掛けてくるくらいだから、おそらくどうしても買わなければならないものがあるはずである。そんな時に思ってもいなかった特売品があると、とても得した気分になるはずだ。やっぱり「来てよかった」と思うだろう。

そして「雨が降っていても、ちゃんと客のことを考えている店」というイメージを持つ。これを繰り返せば、いい店としてのイメージが定着するし、雨の日の客足も増えるのだ。

「誕生石の法則」に見え隠れする業界のカラクリとは？

宝石を愛する女性は多い。

たとえば、婚約指輪は女性が最も贈られたいもののひとつだが、平均して30～40万円のものが多いらしい。かつて「給料の3ヵ月分」という宣伝コピーが有名になったことがあったが、同じ頃のアメリカでは「給料の1ヵ月分」と宣伝されていた。

日本人のほうが気前がよさそうに見えるが、これはじつは日本人の給料がアメリカ人の3分の1程度だったからで、当時アメリカ人と同じ指輪を買うために日本人は3ヵ月働く必要があったのだ。

婚約指輪と同じように女性が欲しい宝石といえば、誕生石だ。自分を守ってくれるという意味もある誕生石は自分で買ってでも身につけたいと思う女性は多い。

この誕生石を考え出したのはアメリカの宝石業界だった。１９１２年のことである。誕生石制定のもとになったのはG．F．クンツという鉱山学者・宝石学者が作ったリストだった。クンツは旧約聖書や古いユダヤの風習などをもとにして各月ごとに誕生石を決めていき、これをもとにしてアメリカの宝石業界は誕生石のリストをつくって世界に向けて発信したのである。

しかし、このリストはあくまでもアメリカの業界が自国の消費者の嗜好や生活習慣などをもとにつくったものであり、どの国にも当てはまるというものではなかった。当然、各国の宝石業界は、自国でよく売れる宝石や好まれる宝石、売りやすい宝石をリストに入れて独自の誕生石リストができたのである。

どんなロマンチックな〝法則〟にも、そのウラには業界の思惑が潜んでいるものだ。

CMに起用されるタレントと、商品の売り上げの見えざる関係とは？

〝CMの女王〟という言葉があるほど、彼女たちは自動車やコスメ、飲料と、じつにさまざまな商品の顔になっている。

そしてオリンピックやサッカーのワールドカップなどのスポーツのビックイベントが近くなれば、今度はそこに出場する一流アスリートたちがさまざまなCMに顔を出してくる。あるスポーツドリンクのCMでは、オリンピックで金メダルに輝いたこともあるマラソンランナーが登場し、その商品を飲んで走っている姿が映し出され、そこに絶妙なタイミングで「体脂肪燃焼に効果的なドリンクです」というナレーションが流れた。

たしかにこのCMを見ると、あの○○選手も飲んで走っているということは、これを飲んで運動すればかなり脂肪を燃やせそうだと思ってしまう。そして、スーパーやコンビニエンスストアでその商品を見かけるとつい買い物カゴに入れてしまうのだ。

この一連の行動は、CMマーケティングの世界で研究されている消費者心理をまさにそのまま再現している。

一般的に、CMに出演している人物の好感度が高いほど、そのCMが伝えるメッセージに対する消費者の信頼度が高くなるとされているのだ。

つまり、商品のメッセージをより強く伝えるためにネームバリューのある人物がCMに起用されることになる。それは商品に合わせてアスリートやお笑いタレント、時には有名レストランのシェフや経済評論家がイメージキャラクターに使われるのだ。

一般の人にとっては別世界の話だが、実力もルックスも兼ね備えたアスリートは、CMの契約金だけで年間億単位のカネを稼ぐことができるのである。

給料が安くても満足する人、高くても不満な人の違いは何?

「もっと給料が高ければなあ」とは、誰もが思うことである。上を見ればきりがないが、不思議なことに高い給料をもらっているのに不満をもらす人がいるかと思えば、そこそこの金額でも満足している人もいる。

この違いはどこからくるのだろうか。もちろんその人の性格によってものごとのとらえ方はさまざまだ。とはいえ、人間の満足度には、他者との比較が大きく影響してくるのである。

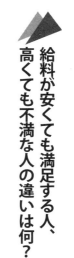

たとえば、こんな話がある。入社当初、3年後の月給が30万円くらいになっていてほしいと考えていた社員が、3年目には35万円をもらっていたにもかかわらず、不満を持っていた。その理由は、「たいして働いていない同僚が、自分と同じような給料をもらっているから」だというのだ。

このように、自分の給料だけしか知らなければ十分に満足できる金額でも、同僚と比べたとたんにそれが色あせてしまう。自分が稼いだ金額が気になるのは当然だが、同時に他人の懐も気になるのだ。

同僚よりも稼いでいれば満足度は上がり、少なければそれだけ不満が募るというわけである。

逆に、社内では不満を持っていても、同窓会などに出席して自分の給料がクラスメートたちより高かった場合には満足度は増すはずだ。

同じ大きさの円でも、周りを大きい円で囲んだほうは小さく見え、反対に小さい円で囲んだほうは大きく見えることがある。目の錯覚を利用したものだが、要はこれと同じで、同じ金額でも周囲との比較によって満足度は左右されるのである。

なぜかサービス残業してしまうビジネスパーソンの心理法則とは？

「囚人のジレンマ」という言葉をご存じだろうか。ビジネスパーソンがサービス残業をしてしまう心理は、この囚人のジレンマのカラクリと非常に近いものがある。

囚人のジレンマとは、共犯の２人が別々に取り調べを受ける際、どちらか一方が自白すれば、自白した者の刑が軽くなり、しない者の刑が重くなるという司法取引で、２人の犯罪者がとってしまう非合理的な結末のことをいう。
互いに黙秘した場合は、双方が等しく軽い刑であり、2人にとって最も合理的であるにもかかわらず、自分だけ自白してもっと刑を軽くしたいという欲望と、相方がしゃべってしまうかもしれないという疑念が湧き、2人とも自白を選び、双方が等しく重い刑を受ける結果になるという筋書きだ。

本来、サービス残業は頑張っている姿を上司にアピールする手段のことでもあり、自分の評価が他人より上がってこそやる価値があるものだ。そこで、このことを囚人のジレンマに置き換えれば、自分だけが自白して刑が軽くなることに当てはまる。

しかし、誰もがサービス残業をするなかにあっては、身を削って残業したところでたいして差がつかない。むしろ、ここでサービス残業をしなかった場合は、自分の評価が下がることが予測される。自白しないと自分だけ刑が重くなってしまうという囚人の心理と同じなのである。

結果としてサービス残業がやめられないジレンマに陥り、自分の評価を上げるためのサービス残業のはずが、いつの間にか自分の評価を下げないためのものにすり替わってしまっているのだ。

いっそのこと、みんなで揃ってサービス残業をやめてしまえば誰の評価も下がることなく楽になれるのだが、組織というものはそう簡単にはいかないのだ。

気をつけていてもマルチ商法にハマる危ない心のメカニズムとは？

マルチ商法にはまって大金をつぎ込んでしまったというニュースはあとを絶たない。なぜ、そんな口車に乗せられるのかと不思議に思う人も多いだろう。

ところが、詐欺師の甘い言葉に誘われてどんどん深みにはまってしまうのは、被害者の「認知的不協和」も一因ではないかと考えられている。人間は自分の持っている経験や考えと現実がそぐわない時に、不快感や居心地の悪さを感じるのだが、この感情を認知的不協和と呼ぶ。

そして、この認知的不協和が起こりそうな場合には、現実を自分に都合のいいように解釈したり、目に入らないようにしてしまうのである。

たとえば、「急いでも急がなくても遅刻するだろうから、走らない」とか、「自分の買ったパソコンが安売りされていると不愉快だから、広告は見ない」などといった具合だ。

マルチ商法の話に戻れば、「この投資話はおかしいかも…」と考えることは認知的不協和を生じさせることになる。自分がやっていることは間違いではないと思い込みたいために、いったん儲け話を聞いてしまうと引くに引けなくなってしまうというわけである。

しかも、人は一度支払ってしまったお金に対しては、損失を回避しようという欲求が強くなる。そこで、せめてモトはとろうとしてさらなるお金をつぎ込むことになる。先払いしたお金に目が曇り、将来のコストや利益などを落ち着いて判断する力が低下してしまうのだ。

現実をしっかりと受け入れ、方向転換をすることが深みにはまらないコツである。

《COLUMN》

銀行の入っているビルは 客商売には向かない⁉

念願がかなって自分の店が出せるようになったら、まず、最初にやるべきことは出店をどこにするかだ。実は、店を出すビルの選び方には「法則」がある。

たとえば、一般的に１階にパチンコ店や銀行が入っていたら、そこがいくら駅前でも店を出すのは敬遠する。反対にコンビニや薬局・薬店が入居しているのなら、少しぐらい駅から離れていてもそれほど問題はない。

なぜかというと、１階にパチンコ店が入っている場合はまず音がうるさい。女性客や高齢者なら足が遠のいてしまうことになる。

その点、銀行は問題がないように思うかもしれないが、これがまたそのビルを「お固い」イメージにしてしまうのだ。

何しろ、銀行は午後３時を過ぎるとシャッターを下ろしてしまう。これではビル全体に活気がなくなってしまい、客は他の店まで閉店してしまったような錯覚を覚えてしまうのだ。

これと正反対なのが、コンビニやドラッグストアだ。営業時間も長いし女性客や家族連れも多く訪れる。しかも用事もないのにぶらっと店に立ち寄る客までいるので立地としては合格点だろう。

また、コンビニが出店しているということは、その場所が集客力があるかどうか事前にリサーチされていることになる。そこが好立地であることを半ば保証しているようなものなのである。

■参考文献

『経済は感情で動く』（マッテオ・モッテルリーニ、泉典子訳／紀伊国屋書店）、『日常の疑問を経済学で考える』（ロバート・H・フランク、月沢李歌子訳／日本経済新聞出版社）、『つい、そうしてしまう心理学』（深堀元文編著／日本実業出版社）、『ビジネス《最強》の心理術』（樺旦純／三笠書房）、『相手の手口を読む108の心理術』（遊々舎編／廣済堂出版）、『心理操作ができる本』（渋谷昌三／三笠書房）、『心理学雑学辞典』（渋谷昌三／日本実業出版社）、『現代を読み解くラブホテル人間学』（亜美伊新／経済界）、『これだけは知っておきたい「心理学」の基本と実践テクニック』（匠英一／フォレスト出版）、『あんぱんはなぜ売れ続けるのか』（井上昭正／清流出版）、『行動経済学　経済は「感情」で動いている』（友野典男／光文社）、『おまけより割引してほしい』（徳田賢二／筑摩書房）、『別冊宝島　経済心理のワナ50』（門倉貴史編著／宝島社）、『ご飯を大盛りにするオバチャンの店は必ず繁盛する』（島田紳助／幻冬舎）、『人はカネで9割動く』（向谷匡史／ダイヤモンド社）、『身近な経済のギモン』（知的発見！探検隊編著／イースト・プレス）、『なぜ電車の席は両端が人気なのか』（本明寛／双葉社）、『ココロのよみカタログ』（安田里沙編／太田麻里衣画／ごま書房）、『心理学を知る事典』（和田秀樹／日本実業出版社）、『なぜ、そのとき人は買ってしまうのか？』（山本将嗣／同文館出版）、『予想どおりに不合理』（ダン・アリエリー著／熊谷淳子訳／早川書房）、『深層心理』（渋谷昌三／ナツメ社）、『3分でわかる心理学』（渋谷昌三／大和書房）、『あなたはなぜ値札にダマされるのか？』（オリ・ブラフマン、ロム・ブラフマン著／高橋則明訳／日本放送出版協会）、『うわさの科学』（松田美佐／河出書房新社）、『行動経済学入門』（多田洋介／日本経済新聞社）、『売れる色とパッケージデザインの法則』（高坂美紀／ソシム）、『今日からできるウェザーマーチャンダイジング入門』（常磐勝美／商業界）、『女たちはなぜ「口コミ」の魔力にハマるのか』（黒川伊保子／KKベストセラーズ）、『自信をもって生きられる77の心理法則』（齊藤勇／河出書房新社）、

『よくわかる心理学　こころの謎にせまる』（尾形佳晃／池田書店）、『色の理由』（木下代理子／廣済堂出版）、『ライフコース・マーケティング』（青木幸弘、女性のライフコース研究会編／日本経済新聞出版社）、『プレジデント　２００３年６月30日号、２００８年６月30日号、２００９年１月12日号、２００９年５月18日号、２００９年６月１日号、２００９年７月13日号』（プレジデント社）、『Associé　２００９年７月21日号』（日経ＢＰ社）、『ＴＨＥ21　２００８年12月号』（ＰＨＰ研究所）、『週刊ダイヤモンド　２００８年10月18日号、２００９年６月27日号』（ダイヤモンド社）、『週刊東洋経済　２００７年12月15日号』（東洋経済新報社）、『ＳＰＡ！　２００５年４月12日号、２００８年11月11日号』（扶桑社）、『ＳＴＯＲＹ　２００９年５月号』（講談社）、『クーリエ・ジャポン　２０１１年10月号』（講談社）ほか

〈ホームページ〉

ヨミウリオンライン、MONEYzine、オールアバウト、ほか

※本書は『経済の裏がわかる人間心理１２７の仕組み』（小社刊／２００９年）をもとに、新たな情報を加え、再編集したものです。

編者紹介

おもしろ心理学会
人間心理の謎と秘密を解き明かすことを目的に結成された研究グループ。不可思議な心のメカニズムを探るとともに、その研究成果を実生活に活かすため、日々努力を重ねている。本書では、人の心理とお金の関係から、お客に言えない心理作戦まで、外から見えない意外なカラクリを大公開する。ビジネスヒント満載の使える一冊！

なぜ人《ひと》は「売《う》れ筋《すじ》商《しょう》品《ひん》」を買《か》ってしまうのか

2015年2月10日　第1刷

編　　者　おもしろ心理《しんり》学会《がっかい》

発行者　小澤源太郎

責任編集　株式会社プライム涌光
電話　編集部　03(3203)2850

発行所　株式会社青春出版社
東京都新宿区若松町12番1号〒162-0056
振替番号　00190-7-98602
電話　営業部　03(3207)1916

印刷・大日本印刷　　製本・ナショナル製本

万一、落丁、乱丁がありました節は、お取りかえします

ISBN978-4-413-11131-7 C0030

ISBN978-4-413-11074-7
本体1000円+税